KB201572

영혼의 밤

믿음이란 한 알의 밀알이 땅에 떨어져 죽음으로 많은 열매를 맺음과 같이 진리의 열매를 위하여 스스로 죽는 것을
뜻합니다. 눈으로 볼 수는 없으나 영원히 살아 있는 진리와 목숨을 맞바꾸는 자들을 우리는 믿는 이라고 부릅니다.
「믿음의 글들」은 평생, 혹은 가장 귀한 순간에 진리를 위하여 죽거나 죽기를 결단하는 참 믿는 이들의, 참 믿는 이들을
위한, 참 믿음의 글들입니다.

영혼의 밤

최호진 지음

홍성사

여는 글

강을 따라 떠내려오던 통나무가 한곳에 몰려 물길이 막힌 곳을 '로그잼'(logjam)이라고 한다. 유능한 벌목꾼은 이곳을 발견하는 즉시 망치로 물길을 막고 있던 통나무를 두들겨 다시 강물로 흘려보낸다. 삶에도 이와 같은 로그잼이 있다. 성경은 그것을 일컬어 '육신'(肉身)이라고 한다. 육신은 '영혼의 밤'이 오지 않으면 좀처럼 노출되지 않는다.

열심히 주님을 섬기던 이가 언젠가부터 말과 행동이 불일치하거나, 환경과 상황의 변화로 갈등과 혼란을 겪는 등, 인생의 숱한 위기 앞에서 삶과 신앙생활의 의외성을 경험할 때 신자는 하나님이 살아 계시지 않는 듯한 의구심을 품는다. 이른바 '영혼의 밤'을 만나는 순간이다.

영혼의 밤에 하나님을 발견하는 것은 훈련이 아니라 성령님에 대한 '믿음'과 '순종'으로만 가능하다. 영성을 위해 수도사적인 삶을 동경한다. 영혼의 밤에 거함으로써 내 속에 숨은 육신이 드러나고, 핍진한 자아가 절망이라는 골짜기에서 육신을 대면함으로써 영성의 실체를 경험하는, 이른바 세속의 삶터가 수도원 이상으로 영성을 드러내는 시간이다. 이는 '신위적(神爲的) 믿음'에 의해 이루어지는 일이다.

신위적 믿음이란 하나님의 필요에 의해서 받은 믿음으로서, 나의 필요에 의해서 받은 인위적(人爲的) 믿음과는 구별된다. 영혼의 밤을 통해 신위적 믿음의 세계가 열리면 황금이 돌로 보이기 시작하고, 세상에 부러운 것이 없어지고, 가난이 축복으로 다가오고, 고난이 감사의 조건으로 부각되고, 낮아짐을 존귀하게 여기게 되고, 무시당함을 값진 일로 받아들이고, 초라함이 하나님의 거룩하심을 경험하는 지름길임을 알게 되고, 문제가 풀리지 않음에도 감사를 필요 불가결한 조건으로 삼게 되고, 하나님의 침묵을 귀중하게 여기게 된다. 이와 같은 변화를 통해 신자는 광야가 곧 하나님의 뒤뜰임을 깨닫는다.

미국 이민 시절 함께 신앙생활을 했던 오하이오주립대학 유학생들을 오랜만에 다시 만나 다양한 신앙고백을 들었다. 주된 고백은 전도에 대한 열정만큼 내적인 열매가 없다는 것이다. 열정적인 전도가 반드시 성숙한 삶을 보장하는 것이 아니라는 사실에 복음주의자는 정체성의 혼돈을 느낀다.

복음은 시련을 통해서 좋은 결과를 만들거나 환경을 바꾸어 번영을 가져다주는 성공 길라잡이가 아니다. 경영의 신 마쓰시타 고노스케 회장이 말하는 바처럼 하늘이 준 가난과 병약함과 못 배움을 통해서 이 세상에서 성공 발판을 다지는 것도 목적이 아니다. 복음은 특별하고 독특한 경험을 요구하기보다는 매우 보편적이어서 성공이나 행복이 도저히 미치지 않는 사각지대에도 적용된다. 영혼의 밤은 참 복음을 만나는 통로다.

이 책의 키워드는 영혼의 밤, 육신, 신위적 믿음, 십자가다. 외형적인 성과가 일순간에 무력화되는 곳이 영의 세계이기에 육신이 해결되지 않으면 어떠한 선한 사역도 회칠한 무덤과 같다. 그래서 육신의 한(恨)을 털어 내는 점을 언급했고, 성과주의 육신과 종속의존적 육신을 강조했다. 신실한 복음주의 일꾼이 갑작스럽게 외도 등으로 쓰러지는 현상을 성경적으로 해석하고자 영적 소진과 영적 폭행 그리고 종교 중독에 지면을 할애했다.

특히 현대사회가 당면한 '중독'과 '육신'을 살펴보고, 그 해결책을 상담 사례를 통해서 풀어 보았다. 중독의 문제는 노회한 육신의 지휘권 아래서 그리스도인의 숨통을 조인다. 신앙인의 치명적 유혹인 '극단적 소극성'(passivity)을 극복하기 위해 그리스도인이 해야 할 일을 성경적으로 풀어 보았다. 신앙인은 환경이 변하지 않아도 이 세상을 넉넉히 이길 수 있음을 설명하기 위해 영혼의 밤에 하나님께서 보여 주시는 네 가지 영적 증거를 제시했다.

정체성의 혼란으로 숱한 나날 우울한 밤을 지날 때 아내의 상담 사역이 하나님을 바로 보게 하는 계기가 되었다. 원칙적으로 이성간의 상담을 금하기에 거의 모든 상담 사역은 아내가 이끌어 갔고, 피상담자들의 남편에게 상담이 필요한 경우 내가 보조 역할을 했다.

본문에 언급된 상담 사례는 우리 부부가 1991년부터 휴스턴의 교회에서 전임 상담사로 사역할 때부터 시작된 것이다. 피상담자들은 미국인이거나 한인 이민 1, 2세들이다. 한국 사회와 다른 환경 및 배경과 무관하게 육신은 별다른 차이가 없다. 상담은 영혼의 밤을 지나는 이가 생래로 감춰진 육신을 발견하도록 도와준다.

이 책을 준비해 온 20년 동안 수많은 이가 우리의 삶에 등장했고, 그들로 인해 이 책이 완성되었다. 이 책에 등장하는 모든 이에게 감사를 드린다. 무엇보다 한 사람의 전도로 이 모든 풍성한 결과를 거둘 수 있었다. 그 귀한 통로가 된 하나님의 신실한 종 윌리엄 바우어스 형제에게 이 책을 드린다. 사라져 가는 기억을 더듬어 진술하면서 기어이 눈물을 보인 그는 치매라는 마지막 영혼의 밤을 걸어가고 있었다. 그의 눈물은 수많은 삶의 전장을 누빈 끝에 넉넉한 승리자가 된 이가 생명을 누리며 남긴 마지막 감정 표현이었다.

2016년 7월

포항공과대학교에서

최호진

차례

여는 글 8

1부_ 영혼의 밤 앞에서

1장 이사야 50장 17

2장 영혼의 밤의 실제 27

3장 육신의 문제와 통증 49

4장 영적 폭행과 영적 소진 127

2부_ 영혼의 밤을 지날 때

1장 십자가의 비밀 149

2장 선택과 반응 171

3장 영혼의 밤에 경험하는 인도하심의 증거들 185

4장 영혼의 밤과 믿음의 일곱 단계 203

닫는 글 226

1부

1장

이사야 50장

나의 첫 영혼의 밤

　　1977년, 대학원 두 해째를 지나는 초겨울 주말이었다. 오하이오 주 콜럼버스에는 벌써 북극권 냉한 바람이 매섭게 불어닥쳤다. 금요일 저녁 11시경, 나는 대학원 실험실 승강기에서 내렸다. 무슨 일인지 복도는 매캐한 연기로 가득했고 타는 냄새가 났다. 화재 경보음은 울리지 않았지만, 구석에 있는 내 실험실 문 밑으로 연기가 뭉실뭉실 쏟아져 나오고 있었다. 초저녁부터 근처 홀리데이인에서 마신 생맥주 취기가 일순간 달아났다.

　　실험실은 50평 정도 규모에 1톤 크레인 시설이 갖추어져 있었다. 실험실 한 모퉁이에 놓인 초대형 5갈론(약 19리터)짜리 압력 냄비 옆 예열 박스에 이미 불이 붙어 있었다. 예열관이 어둠 속에서도 붉은 빛을 내는 것을 보니 족히 1,000도는 넘은 것 같았다. 예열 박스의 골조 나무에 불이 옮겨붙어 연기가 하염없이 흘러나왔다. 급히 긴급 정지 단추를 눌러 고압 펌프를 끄고 원인을 찾기 시작했다. 살펴보니 이온 교환수 탱크가 이미 바닥나 있었다. 분명히 오후 5시 퇴근 시간에는 작동했었는데, 거의 대여섯 시간의 빈 펌프질로 펌프는 무용지물이 되었고 회로 차단 장치도 작동하지 않아 예열 박스에 불이 붙은 것이었다.

　　환기를 위해 급히 창을 열자 초겨울 오하이오의 냉기가 정신을 놓은 채 멍한 표정을 짓고 있는 내 얼굴을 때리고 지나갔다. 이미 새벽 두 시를 가리키는 벽시계 초침 소리가 귓가에 들려오고, 열어 놓은 창문으로 들이치는 찬 공기가 빈 소매를 파고들었다. 이번 주말에는 수증기 공급이 없다는 내용으로 대학 발전소에서 보내 온 노란 메모 조각을 발견한 것은 한참 뒤의 일이었다. 그렇게 지난 1년 반 동안 공들여 준비했던 석사논문은 수포로 돌아갔다.

바로 그날 금요일 늦은 저녁에 시작된 영혼의 밤은 나의 인생을 철저하게 흔들어 놓았다. 그 뒤 3개월은 혼돈의 연속이었다. '왜 이런 일이 내게?'라는 천착성(穿鑿性) 질문이 하염없이 맴돌았다. 나는 처음 맞는 영혼의 밤의 터널로 사정없이 빨려 들어갔다. 좀더 부유하고 좀 더 편한 삶을 위해 강렬한 성과주의 육신을 안고 이민을 떠나 온 나에게 이 화재 사건은 마지막 남은 자존심마저 여지없이 짓밟았다.

그리고 석 달 뒤, 어쩔 수 없이 나의 필요에 의해 창조주를 대면했다. 30년 만에 불어닥친 정월의 강풍으로 꽁꽁 얼어붙은 대학원 독신료(獨身寮) 10층 바닥에 무릎 꿇은 시각은 새벽 6시경이었다. 부서진 자존심을 다시 짜 맞추고, 좀더 강한 육신의 삶을 통해 성과를 이루고 싶은 지독한 '나의 필요'에 의한 선택이었으며 인위적 믿음에 다가간 첫걸음이었다. 미국 오기 전까지는 교회라는 건물 안에 들어가 본 적이 없었고 물질세계와 영의 세계가 연결됨을 인정한 적이 없었던 27세의 공학도가 단지 '나의 필요' 때문에 알지도 못하는 영의 세계의 강자를 더듬어 내디딘 참으로 어색한 발걸음이었다.

그 후 1년 반 동안 나는 낮이면 믿음에 취해 있었고 밤이면 의심의 파도 속에서 허우적거렸다. 조각난 현실이 도무지 이해되지 않았다. 신앙과 과학의 갈등 속에서 필요와 의심이 교차하는 영적 멀미를 느꼈다. 현실을 이기려는 의지가 강해질수록 멀미는 더욱 심해졌다. 그럴수록 나는 성경 읽기에 더욱 매달렸다.

1년 반이라는 험한 시간이 흐른 뒤, 나는 놀라운 전환을 경험했다. 1,500년 동안 36명의 저자가 각기 다른 시간과 장소에서 기록한 성경이라는 기록물이 새롭게 다가온 것이다. 창세기부터 요한계시록을 관통하는 일관된 논리가 주님의 죽음과 부활로 연결되기 시작했다. 시공을 초월하여 누구에게나 적용될 수밖에 없는 '보편성'이 깨달아졌다. 구원받은 십자가 강도의 삶을 통해 들이닥친 놀라운 각성 이후 거대한 영의 세계가 현실 세계와 겹쳐져 눈앞에 펼쳐지기 시작했다. 그리고 그토록 나를 괴롭히던 극심한 영적 멀미가 사라진 것을 몇 주 뒤에 발견했다.

이사야 50장 10-11절

1979년 말 박사학위 논문을 끝낼 무렵이다. 당시 '쓰리마일 아일랜드(Three Mile Island) 원자로 사건'으로 관련 산업이 몰락한 뒤라 구직이 여의치 않아서 논문을 차일피일 미루고 있었다. 그즈음 바우어스 씨가 우리 가정을 방문했다. 그는 아내를 전도한 장본인이자 극동방송 오하이오 주 지역에 헌신한 그리스도인이다. 바우어스 씨는 초신자인 우리가 불안해할 때면 신기하게도 반지하 학생 아파트를 친히 찾아오곤 했다.

그날은 바우어스 씨가 설교 테이프 하나를 주고 가셨다. 아칸소 억양이 강한 론던 목사의 설교였다. 론던 목사는 십 대 때부터 설교를 시작했고, 텍사스 어빙 소재 맥아더 불리바드 침례교회에서 성공적인 목회를 했다. 그러나 큰아이가 17세 생일에 자살을 한 이후 그는 숱한 나날을 불면증에 시달리며 영혼의 밤을 헤맸다. 그러던 어느 날 론던 목사는 이사야 50장 10-11절 말씀을 통해 주님께서 불을 밝히심을 보고 자신과 유사한 아픔을 겪는 이들을 위해 설교를 시작했다. 그의 설교는 연약함이 강함을 이기고 실패가 성공을 이긴다는 점을 역설했으며, 특히 캄캄한 영혼의 밤에 갇힌 이들을 향한 하나님의 신비한 '밤의 사역'에 대해 감동적인 메시지를 전했다. 영국 케직 사경회의 단골 강사였던 그는 2001년 1월 64세로 소천했다.

성경 학도에게 성경 구절은 솜처럼 부드러우면서도 파도처럼 강하고 또 돌풍을 동반한 폭풍우같이 역동적이다. 이사야 50장 10-11절 본문은 지난 30여 년간 우리의 신앙생활 가운데 맴돌며 도저히 피해 갈 수 없는 결정적 역할을 했다. 우리는 이 말씀에 열렬히 반응하기도 했지만 또 어긋나게도 살며 갈등의 밤을 보냈다. 그런 과정을 통해 조금씩 더 분명하게 하나님을 보는 훈련을 계속해 나갔다.

> 너희 중에 여호와를 경외하며 그의 종의 목소리를 청종하는 자가 누구냐 흑암 중에 행하여 빛이 없는 자라도 여호와의 이름을 의뢰하며 자기 하나님께 의지할지어다 보라 불을 피우고 횃불을 둘러 띤 자여 너희가 다 너희의 불꽃 가운데로 걸어가며 너희가 피운 횃불 가운데로 걸어갈지어다 너희가 내 손에서 얻을 것이 이것이라 너희가 고통이 있는 곳에 누우리라(사 50:10-11).

하나님께서 질문하실 때   총 11절로 이루어진 이사야 50장에서 하나님은 아홉 가지 질문을 제시하신다. 성경에서 하나님은 종에게 나타나실 때 대부분 먼저 질문을 던지신다. 종이 위급할 때다. 아담에게는 "어디 있느냐?"(창 3:9) 물으셨고, 가인에게는 "네가 분하여 함은 어찌 됨이며 안색이 변함은 어찌 됨이냐?"(창 4:6) 물으셨으며, 예레미야에게는 "무엇을 보느냐?"(렘 1:11)고 물으셨다. 이처럼 간결하고 핵심을 찌르는 질문이 있는가 하면, 욥기 38-42장처럼 70번 이상 속사포처럼 질문을 쏟아 낸 예도 있다. 욥의 처지가 위급하고 혹독했기에 모든 감각이 마비된 욥을 깨울 수 있는 유일한 방법으로 속사포 질문을 하신 것이다. 창조주로부터 친히 질문을 받는 것은 피조물의 엄청난 특권이다.

이미 원인과 결과까지도 속속들이 아시는 분께서 다시금 간단 명료한 질문을 던지시는 의도는 무엇일까? 우리로 하여금 문제의 핵심에 있는 자신의 '육신'을 직시하게 하기 위한 의도일 것이다. 그러나 인간은 문제가 있으면 하나님을 찾고 의지하기보다 모든 수단과 방법을 동원하여 스스로 문제를 극복하고자 애쓴다.

이사야 50장에서도 화급(火急)을 다투는 위기에 있는 청중에게 하나님이 질문을 던지셨다. 인생을 연명하는 데만 급급한 우리를 깊은 혼돈에서 깨어나게 하시는 하나님의 방법은 예리하고 사려 깊다. 세상은 해답 없이 문제만 던져 우리를 혼란 가운데 머물게 하지만, **하나님의 질문에는 반드시 해답이 있다. 그리고 그 해답에 전심으로 응하면 하나님의 평강이 임한다.** 영혼의 밤 한가운데 있을 때가 곧 하나님께서 집중적으로 주목하고 계신 시간이기에 비록 사건이나 문제가 풀리지 않아도 상관이 없는(롬 8:31) 참 믿음의 세계를 경험할 수 있다. 처절하지만 이것이 바로 믿음의 실제이다.

누구에게 하신 말씀인가? 영원을 사모하는 이는 누구나 영혼의 밤을 겪는다. 영혼의 밤은 불신자가 믿음을 갖거나 신자가 다음 단계의 믿음으로 인도되는 길목에 있는 교두보다. 이 영혼의 밤은 시간과 공간이 한정되어 있다(벧전 1:6; 5:10). 한정된 사건을 통해서 하나님을 만나는 것은 인간이 경험할 수 있는 최상위 특권이다.

성숙한 신자일수록 더욱 깊은 영혼의 밤을 지나고, 오직 믿음만으로 살아가는 법을 배움으로써 비로소 하나님과의 진정한 관계를 맺게 된다. 즉 영혼의 밤에 초대되었다는 것은 바로 하나님의 종으로서의 필요충분조건을 모두 갖출 준비가 된 사람이라는 말이다.

<u>청중의 반응은?</u>   이사야 50장의 마지막 두 절(10, 11)이 영혼의 밤에 초대된 자에게 요구되는 본문의 핵심이다. 10절은 그 밤을 통해서 반드시 풀어야 할 '열린 비밀'을 말씀하시고, 그렇지 못하면 11절의 통렬함을 겪을 것을 예고하신다. 성경은 재앙과 축복을 동시에 가지고 있는 경고와 약속의 말씀이다. **하나님의 종에게는 그분의 침묵의 시간이 곧 '하나님을 의지할 때'고, 인생의 가장 비참한 순간이 바로 '하나님을 신뢰할 때'다.** 이때에 스스로 불을 밝히는 행위를 하면 어두움과는 비교가 되지 않는 낭패를 입게 된다.

1977년 신앙생활을 시작하고 나서 6년이 지났을 때다. 박사학위 전후로 1년 반 동안 무직인 채로 살다 첫 직장으로 석유회사에 입사해서 이제는 좀 숨을 쉬려나 했는데, 그 후 3년 동안 매년 연례행사로 봄가을 두 번씩 십이지장 궤양을 앓아 내출혈이 일어났다. 피를 쏟고 나면 시야가 점점 노래지며 물 먹은 솜처럼 전신이 무겁고 거대한 납덩이가 짓누르는 듯한 피로가 심해의 파도처럼 몰려와 견딜 수 없는 졸음이 엄습했다. 1980년대 초만 해도 출혈성 십이지장 궤양에는 외과적으로 궤양을 절단하거나 내과적으로 알약 카라페를 평생 처방하는 것이 일반적인 치료법이었다.

육체의 병과 더불어 성과주의 육신으로 무장한 나를 찾아온 영혼의 밤은 몹시 고통스러웠다. 열심히 믿음을 외치고 다니는 내가 왜 이토록 앓아야 하는지 알 수 없었고, 마치 온몸이 모두 발가벗겨진 느낌이었다. 그때 고린도후서 1장에서 소아시아 전도여행 중인 바울이 언급한 한 단어가 충격으로 다가왔다.

> 형제들아 우리가 아시아에서 당한 환난을 너희가 모르기를 원하지 아니하노니 힘에 겹도록 심한 고난을 당하여 살 소망까지 끊어지고 우리는 우리 자신이 사형 선고를 받은 줄 알았으니 이는 우리로 자기를 의지하지 말고 오직 죽은 자를 다시 살리시는 하나님만 의지하게 하심이라(고후 1:8-9).

"살 소망까지 끊어지고"라는 단어 즉, '절망'(絶望)이었다. 천하의 사도 바울도 절망했다. 바울이 로마서 1장에 "의인은 믿음으로 말미암아 살리라"는 고백을 할 수 있었던 것은 바로 '절망'했기 때문이다. 절망을 통해 하나님을 의지함을 배웠다는 바울의 고백은 신앙에 극적 반전과 역설이 있음을 처음 깨우쳐 주었다. 이 구절은 이사야 50장 10-11절과 짝을 이룬다.

깊은 절망에 이르기 전까지 인간은 결코 하나님을 의지하지 않는다. 나의 파산만이 하나님의 살아 계심을 경험하는 시작점이다. **우리가 현재 '가장 중요하게 여기는 무엇'이 무너져야 하나님의 신묘한 세계가 보인다.** 구교가 소중하게 여기는 것이 예식이고 전통이라면, 개신교는 전도와 선교다. 흥미로운 사실은 두 쪽 다 스스로가 중요하게 생각하는 것 때문에 위기가 온다는 사실이다. 바울은 가장 중요하게 생각했던 하나님에 대한 믿음이 금이 가는 것을 보고 비로소 하나님을 전적으로 신뢰하는 믿음을 갖게 되었다.

내가 현재 믿는 것은 무엇인가를 점검해야 한다. 별의 반짝임이 드러나려면 세상의 모든 빛이 사라져야 하는 것처럼, 욥은 자신의 신앙에 파산이 나자 비로소 하나님을 뵙게 된다. 예수님은 가장 절박한 순간에 하나님을 찾았으나 하나님은 예수님을 외면하셨고(마 27:46), 바로 이 혹독한 밤에 주님께서는 마지막 순종을 배우시고(히 5:8) 하나님의 신묘한 세계를 경험하셨다. 우리가 주님을 따르겠다는 고백은 처절한 실망을 전제로 하며, 주님과 함께 십자가에 달리고 주님과 함께 죽어 장사되어야 비로소 주님과 함께 부활해서 주님과 함께 하나님 우편에 앉을 수 있다. **절망의 골이 깊으면 깊을수록 믿음의 세계 또한 더 깊어진다.** 이것이 하나님 나라의 기본 이치다.

2장

영혼의 밤의 실제

경림 씨가 아내에게 급히 전화를 했다. 아들 잭의 분노가 통제할 수 없는 지경에 이르렀다는 것이다. 언제라도 폭력을 휘두를 것 같은 기세에 겁에 질린 그녀가 상담을 왔을 때는 자신의 남편과 이혼 수속 마무리 단계에 있었다. 대학교 동창과 결혼해서 외아들 잭을 둔 경림 씨의 조울증은 이혼에 큰 몫을 차지했다. 아내는 그녀에게 어떠한 환경에서도 하나님만을 의지하는 삶을 살아야 한다고 설명했고, 그녀는 상담에 곧잘 응했다.

다음 날 나타난 경림 씨의 아들 잭은 조울증 증세를 보이고 있었다. 아내는 잭을 정신병원에 강제로 입원시키라고 권했다. 피상담자가 자살이나 심한 중독에 시달리고 있을 때 상담자는 피상담자의 가족에게 강제 입원을 권한다. 일단 약물 치료로 자살을 방지하고 대화가 가능해져야 상담을 진행할 수 있기 때문이다. 잭이 공격적이고 범죄 가능성이 있으며 자살 충동을 느끼고 있다는 사실을 증명하기 위해 잭의 기숙사 친구의 서신을 첨부하여 입원 신청을 했다. 이미 형(刑)을 치른 경험도 참조되어 판사로부터 정신병원 강제 입원을 허락받을 수 있었다. 안타깝게도 그가 병원에서조차 의사에게 반항하는 바람에 입원이 꽤 길어질지도 모른다고 했다.

그 후 한 달간 아내는 입원한 잭에게 자주 문병을 갔다. 신통하게도 모친에게는 난폭한 잭이 아내에게는 순한 양처럼 행동했다. 중독을 끊고 다른 삶을 살기 위해서 예수님을 믿고 단기선교를 가라고 권하자 의외로 긍정적 반응을 보였다. 퇴원 후 마약과 갱단에 휩쓸리지 않도록 선교지에 보내려고 했는데, 대부분의 선교기관은 우울증 약을 복용하고 마약 전력이 있는 사람을 팀원으로 받아 주지 않았다. 우선 우리 사역을 적극 지지하는 집사님들께 부탁해서 자동차 부품 배달원 일자리를 알선해 주었다.

아침저녁으로 그의 동선을 주시하던 어느 날, 불쑥 우리 집에 방문한 잭을 맞이했다. 그가 어렵사리 꺼낸 과거의 아픔은 이러했다. 16세 생일, 늘 다니던 미용실의 동성 미용사로부터 생일 선물로 마약과 동성애 경험을 얻게 되었다고 했다. 그 이후 잭은 마약 과용으로 인한 수차례의 위세척, 감방 수감 생활, 부모의 이혼, 또 엄마의 조울증 대물림이 혼합된 지독한 영혼의 밤을 보냈다. 그로부터 몇 년이 지난 뒤 언제 어떻게 예수님을 믿게 되었는지 묻자, 잭은 바로 그날 자신의 수치스러운 고백을 했을 때 "너의 죄 때문에 예수님께서 십자가에 돌아가셨다"는 아내의 말을 듣는 순간 무거운 사슬이 벗어지는 듯했다고 말했다.

우여곡절 끝에 잭은 멕시코와 미국 접경 도시 티화나에 단기선교의 리더로 가게 됐다. 그가 보내 온 편지에는 엄마 또래의 중년 여자가 아무 관계없는 자기에게 살뜰한 정성을 쏟는 이유를 몰랐는데, 그것이 바로 그리스도의 사랑 때문인 것을 선교지에 와서 비로소 깨달았다고 써 있었다. 마치 바울의 서신처럼 예수님에 대한 깨달음과 지혜가 가득한 편지였다. 그의 캠프에 오는 팀원들은 대부분 모범적인 고등학생이지만, 그중에 간혹 마약을 하는 아이가 있으면 그의 눈에 곧잘 발각되었다. 잭은 자신의 어두운 과거를 통해 그들의 아픔과 방황을 체휼할 수 있었고, 그들 역시 잭에게 마음을 쉽게 열어 복음을 잘 받아들였다. 잭은 자연스럽게 그곳에서 촉망 받는 인도자로 자리 잡았다.

삶의 목표와 방향을 또렷하게 잡은 6개월 후에는 주위 사람들에게 신뢰받는 멋진 청년으로 돌아와 대학교에 복학했다. 매년 여름

방학에는 CCC의 일원으로 광야체험 프로그램에 참여하여 중고 등학생들을 인도했고, 교목으로서 모든 학생들에게 신임을 받으며 좋은 성적으로 졸업했다. 졸업 후에는 CCC 간사로 두 해를 보내다 같은 팀원이자 고등학교 후배인 자매를 만나 결혼했다. 그 후 댈러 스신학교를 졸업한 잭은 슬하의 세 아이를 양육하며 초등학교 교 사이자 슬럼가의 복음 전도자로 봉사하고 있다. 지난 2011년에는 온 가족이 모여 '10년째 마약 없는 날'을 축하했다.

그는 동성애 경험에 대하여 서슴지 않고 간증을 한다. 주님을 만난 이후 혹 마약과 동성애에 다시 유혹된 적은 없는지 묻자 단호히 없 다고 대답했다. 이제는 상처와 공허함을 하나님께서 어루만져 주시 고 주님의 사랑이 필요를 채워 주기 때문이라고 했다. 지난해는 '올 해의 교사 상'을 받기도 했다. 잭은 폭풍같은 영혼의 밤에 압도되 었으나, 그 밤 가운데 주님을 뵌 후로는 뒤도 돌아보지 않고 신위 적 믿음의 세계로 들어간 드문 젊은이다.

영혼의 밤의 정의

영혼의 밤은 하나님이 계시지 않는 듯한 절망의 시간이다. 욥은 다음 두 상반된 구절로 적절하게 영혼의 밤을 묘사했다.

그때에는 전능자가 아직도 나와 함께 계셨으며 나의 젊은이들이 나를 둘러 있었으며(욥 29:3).

그런데 내가 앞으로 가도 그가 아니 계시고 뒤로 가도 보이지 아니하며 그가 왼쪽에서 일하시나 내가 만날 수 없고 그가 오른쪽으로 돌이키시나 뵈올 수 없구나(욥 23:8-9).

대부분의 영혼의 밤은 우리의 허물로 인한다. 영혼의 밤은 은밀히 숨겨진 나의 육신이 표면으로 나타나고 감추었던 허물들이 드러나는 시간이다.

그 마음의 숨은 일들이 드러나게 되므로 엎드리어 하나님께 경배하며 하나님이 참으로 너희 가운데 계신다 전파하리라(고전 14:25).

내가 혹시 말하기를 흑암이 반드시 나를 덮고 나를 두른 빛은 밤이 되리라 할지라도 주에게서는 흑암이 숨기지 못하며 밤이 낮과 같이 비추이나니 주에게는 흑암과 빛이 같음이니이다(시 139:11-12).

하나님이 영혼의 밤을 허락하신 주관자이시며 해결자이심을 알면 흑암과 빛이, 환난과 평안이 동일하게 된다. 만일 숨은 일이 드러나지 않으면 하나님을 경배하는 일 또한 없다는 말도 된다. 초대받은 이들은 많으나 응하는 이들이 많지 않은 이유는 영혼의 밤이 그만큼 처절하고 모질기 때문이다.

'밤'은 글자 그대로 '도움이 전혀 보이지 않는 시간'이다. 밤에는 광야(廣野)처럼 눈에 흠모할 만한 것이 없다. 어느 누구라도 그 광야에서 하나님을 발견하기란 불가능하다. 그러나 믿음의 사람은 그렇지 않다. 실제로 아라비아 광야에는 정글과 마찬가지로 거의 모든 생명체가 살고 있다. 그런데 그 개체가 적고 또 작아서 익숙하지 않은 눈으로는 구분이 힘들고 안목이 없으면 도저히 발견할 수 없다. 보고도 알지 못하고 듣고도 깨닫지 못하는 이 세계는(사 6:9) 여전히 우리와 함께 있다.

영혼의 밤이라는 사역은 신비롭다. **하나님께서는 사랑하는 자녀들에게 굴레(멍에)라는 영혼의 밤을 허락하신다.** 유혹, 배신, 거부, 멸시, 장애, 실패, 수치, 조소, 가난, 연약함, 불확실, 내동댕이쳐짐, 물같이 버려짐, 사방으로 욱여쌈…. 주님은 이 굴레를 통해서 눈에 넣어도 아프지 않은 자녀를 온전하고 완벽한 하나님의 성품으로 초대하여 품으신다. 가장 약할 때 하나님의 가장 강함이(고후 12:9) 솟구치는 원리다.

영혼의 밤을 건넌 사람은 이 세상의 기준이나 문화, 사람, 전통, 관습에도 영향을 받지 않고 살아갈 수 있다. 그러하기 위해서는 이 수많은 굴레를 훌훌 던질 수 있는 신위적인 믿음이 필요하며, 이 굴레를 철저히 경험하고 또 벗어나는 영혼의 밤을 필수적으로 겪어야 한다. **가보지 않고는 알 수 없는 세계이기에 흉한 모습으로 다가오는 초대 자체가 귀하다.**

이러한 모진 굴레 속에서 던지는 질문이 있다. 왜 나는 하고자 하는 것을 하지 않고 하지 않으려는 것을 하나? 왜 내 마음에는 평강이 없는가? 왜 나는 타인에게 불편한 존재인가? 왜 하나님은 내가 원하는 것에 응답하지 않으시나? 하나님에 대한 실망감을 어떻게 하면 좋은가? 이 세상은 왜 나를 이렇게 하찮게 대하는가? 어떻게 그가 나에게 이런 일을 할 수 있나? 왜 나는 상대적 박탈감을 느끼나? 만일 이러한 실문에 시달리고 있다면 이는 영혼의 밤에 초대를 받았다는 방증이며, 비로소 자신의 믿음의 변곡점을 대면한 것이다.

우리가 가장 신뢰하던 것이 무너질 때가 바로 변곡점이 형성되는 때다. '변곡점'이란 추세가 변화될 뿐만 아니라 더욱 확장되는 지점이다. **영혼의 밤은 인생으로 하여금 분명하고 강한 변곡점을 지나가게 하는 시간이다.**

히브리서 11장은 영혼의 밤으로 인해 믿음의 변곡점을 그린 선진들의 기록이다. 그들은 그 밤에 육신과 십자가를 통해 하나님을 경험했고, 자신의 필요에 의해 하나님을 이용하고자 하는 믿음에서 나의 욕심이 배제된 신위적인 믿음으로 나아갔다.

이 두 가지 믿음에 대한 단적인 설명이 히브리서 11장 6절 말씀이다.

> 믿음이 없이는 하나님을 기쁘시게 하지 못하나니 하나님께 나아가는 자는 반드시 그가 계신 것과 또한 그가 자기를 찾는 자들에게 상 주시는 이심을 믿어야 할지니라(히 11:6).

이는 '이미 믿는 자'에게 하신 말씀이다. 먼저 자신의 필요에 의해서 조건적으로 하나님을 믿은 이는 그다음에 반드시 하나님이 계심을 '또' 믿어야 한다. 하나님을 이미 믿었는데 또 하나님이 계시는 것을 믿어야 한다는 것은, 믿고 난 후에도 하나님이 계시지 않는 듯한 시간이 있다는 뜻이다. 이는 곧 칠흑같이 어두운 밤에 빛을 보라는 명령인데, 과연 그 어둠 속에서 빛이 보일까? 보이면 밤이 아닌데도 불구하고 빛을 보라 하시는 하나님의 명령은 전혀 믿을 수 없는 상황에서 하나님을 믿으라는 명령이다. 이 말씀은 원수를 사랑하라는 말씀과 동일하다.

그렇다. 이미 믿은 자는 하나님이 보이지 않는 듯한 곳에서도 그분이 계신 것을 믿는 믿음이 필요하다. 바로 이 때문에 하나님은 영혼의 밤이라는 칠흑같은 어둠 속으로 우리를 몰아가신다.

현실은 우리를 절망으로 몰아가기에 충분하고 또 절망은 하나님 아니면 비본질적인 것 중에 양자택일의 상황으로 우리를 내몬다. 이 와중에 어떻게든 지푸라기라도 붙잡으려고 하는 우리의 삶을 극적으로 반전시키시는 것이 하나님의 복음이다. 그래서 영혼의 한밤중에도 하나님의 복음의 빛을 볼 수가 있다. 어둡기 때문에 도리어 빛을 경험할 수 있는 것이 바로 이 세계다.

> 주에게는 흑암이 숨기지 못하며 밤이 낮과 같이 비추나니 주에게 는 흑암과 빛이 같음이니이다(시 139:12).

이 복음은 우리 삶 가운데 환경을 변화시키지 않고도 마침내 감사의 결과를 만들어 낼 것이며, 이것이 영혼의 밤의 결론이 될 것이다. 이처럼 영혼의 밤은 나의 잔을 넘치게 한다.

세상 이치를 따르는 사람은 영혼의 밤이 왔을 때도 하나님의 방법을 따르지 않고 살아가겠지만, 하나님 방법으로 살고자 하는 자는 전적으로 하나님과 연결됨으로써 감추고 싶은 허물과 수치와 절망이 감사의 시작이 되는 신묘한 영의 세계를 만날 수 있다. 인생은 감추기를 원하지만 하나님은 영혼의 밤이라는 원치 않는 시간으로 우리를 초대하셔서 당당히 드러내기를 원하신다.

영혼의 밤을 초래하는 원인

영혼의 밤에 접어들게 되는 원인은 죄, 실수, 잘못된 하나님관

(觀), 태생적 맹점, 처한 환경 그리고 인위적 믿음이다. 원인이 복합적일수록 영혼의 밤은 더욱 춥고 심각하다. 원인을 아는 것이 영혼의 밤을 통한 하나님의 역사를 경험하는 첫걸음이다.

자신의 죄 때문에 죄는 하나님 없이 살겠다는 육신의 독립 선언이다. 어디서 무엇 때문에 죄를 지었는가가 분명해야 회개할 수 있다. 죄의 뿌리인 육신을 발견하여 회개하는 것이 영혼의 밤을 허락하신 하나님의 의도다.

> 그러나 너를 책망할 것이 있나니 너의 처음 사랑을 버렸느니라 그러므로 어디서 떨어졌는지를 생각하고 회개하여 처음 행위를 가지라 만일 그리하지 아니하고 회개하지 아니하면 내가 네게 가서 네 촛대를 그 자리에서 옮기리라(계 2:4-5).

다윗은 두 가지 죄를 짓는다. 개인적으로는 밧세바와의 불륜(삼상 12장), 국가적으로는 이스라엘을 계수(대상 21장)한 죄다. 죄의 결과가 두려움으로 다가오면 자기 합리화를 위해 아담과 같이 자신의 죄를 덮으려는 행동을 취한다. 다윗은 죄에 합당한 회개를 했고 현실 적용이 정확했다. 불륜의 결과인 아이를 잃고 난 후 압살롬의 반란 등 나라의 근간을 흔드는 벌을 감수해야 했으며, 계수의 죄로는 전염병으로 7만 명이 죽는 재앙을 맞았다.

죄로 인한 영혼의 밤은 회개 후 합당한 벌을 수용함으로 끝이 난다. 죄는 희한한 양면성을 지니고 있다. 죄는 추하여 하나님과 결코 연결될 수 없기에, 죄를 스스로 지어 본 자각이 없으면 결코 회개에 이르지 못하고 하나님의 은혜를 경험하지 못한다. 단, 회개라는 하나님의 그물망에 걸리면 깊은 영의 세계를 경험할 수 있다. 그렇다고 해서 일부러 죄를 더 지어야 하는 것은 아니다(롬 5:20). 한국에서만 통용되는 '모태 신앙인'이 겪는 혼돈 중 한 가지가 바로 뚜렷이 자각하는 죄를 지어 본 적이 없어 하나님의 은혜에 감사하는 마음이 부족하다는 점이다.

자신의 실수 때문에 죄는 의도적으로 하나님께 반(反)하는 행동이지만 '실수'는 다르다. 자신이 가진 모든 자원을 동원해서 가장 최선의 결정을 했는데도 원치 않는 방향으로 상황이 전개된 경우 흔히 '실수했다'고 말한다. 실수로 인한 영혼의 밤은 죄와 비교할 수 없을 정도로 어둡고 참담하다. 자신의 실수로 인한 피해는 현재 진행형일 수 있고 타인에게도 여전히 영향을 미친다. 만일 결과를 이미 예견하고 저지른 실수라면 참담하다. 죄는 의도적으로 하나님과의 관계를 벌어지게 한 것이므로 회개라는 역동적인 방법으로 원상 복구가 가능하지만 실수는 죄가 아니기에 회개할 것이 없다. 어떤 실수는 그 여파를 평생 지고 가야 하기에 죄와 비교하면 그 혹독함이 훨씬 깊은 영혼의 밤이다.

> 주의 손이 주야로 나를 누르시오니 내 진액이 빠져서 여름 가뭄에 마름 같이 되었나이다(시 32:4-5).

한때 천연두가 국민의 건강을 위협하던 때에 일어난 한 가정사다. 아이가 태어나서 천연두 예방 접종을 해야 할 나이가 되었는데, 부친의 바쁜 출장 때문에 차일피일 접종을 미루다 급기야 마을에 퍼진 천연두에 감염되고 말았다. 해열이 되고 천연두가 물러갈 즈음에는 이미 아이 얼굴에 변형이 일어나기 시작했으며 고열로 의한 자폐 증상이 시작됐다. 부모의 실수는 아이에게 지울 수 없는 후유증을 남겼으며, 아이는 평생 그 통증을 안고 살아가야 했다. 그러나 이 실수로 인해서 아이의 모친은 하나님을 모시게 됐고, 많은 세월이 지나서 아이의 부친 또한 하나님의 사랑을 받아들이게 되었다.

실수로 영혼의 밤에 들어선 성경 인물이 있다. 다윗은 사고무친의 외로움 속에서 사울을 피해 지푸라기를 잡는 심정으로 제사장 아히멜렉을 찾아갔다(삼상 21:1). 그는 목숨을 보전하기 위해 궁색한 변명을 하여 떡과 골리앗의 칼을 취하고, 그 사실을 전해 들은 사울은 아히멜렉과 그의 가족 85명을 죽인다(삼상 22:18). 만일 다윗이 아히멜렉을 찾아가지 않았다면 혹은 골리앗의 칼을 취하지 않았다면 제사장의 가솔이 사울에게 죽임을 당하지 않았을 것이다. 다윗의 실수다. 이미 아히멜렉의 온 가족이 멸절되었지만 다윗은 그들의 죽음이 자신으로 인한 것임을 시인하고 아히멜렉의 아들을 평생 철저히 책임졌다(삼상 22:22).

또한 실수로 자신의 가슴을 친 이가 바로 '입다'(삿 11)다. 출신이 비천했고 사람들에게 천시를 받았으나 용맹하고 지도력이 뛰어난 입다는 절호의 기회가 찾아왔을 때 자신의 모든 것을 보여 주고자 하는 과욕으로 성급한 서원을 한 결과 딸을 번제로 바치는 한(恨)을 남기고 만다. 그가 사사 중에 짧은 재위 기간 6년을 보내고 죽은 것은 자신의 실수를 용납하기 어려웠기 때문인 것으로 보인다.

죄와 실수를 구분하지 못하고 저지른 실수에 대해 회개를 요구하면 죄책감만 커진다. 그러나 죄와 실수를 인정하고 결과에 대해서 책임을 지고 하나님의 마음을 이해하면 하나님께서는 영적 안목인 그리스도의 마음(고전 2:16)을 허락하셔서 우리로 하여금 '적절히 행하게'(삼상

10:7) 하신다. **죄나 실수를 통해 자신의 한계를 알아 가는 것이 영성이다.**

　　<u>잘못된 하나님관 때문에</u>　영혼의 밤은 하나님의 성품에 대한 오해에서 비롯되기도 한다. '불신'도 잘못된 하나님관의 일종이다. 신자에게 일어나는 크고 작은 사건은 대부분 욕심과 비뚤어진 하나님관의 합작물이다. 성경적 상담 시 잘못된 하나님관을 바로 세워 주면 대부분 급격한 회복을 보인다.

　　하나님은 조건 없는 사랑을 베푸시고 용서하시며 공평하시고 자비로우시며 양육해 주시고 좋은 것과 은사 주기를 기뻐하시고 상을 베푸시며 우리와 함께하시는 분이다. 그러나 부모와 권위자들로부터 상처를 받거나, 거짓 예언이나 잘못된 가르침을 받거나, 신성 모독적인 생각에 빠지거나, 불건강한 관계가 형성된 어린 시절을 보내면 잘못된 하나님관을 품게 된다. 그들에게 하나님은 무관심하시고 용서하지 아니하시고 필요할 때는 부재하시고 거부하시고 불공평하시고 예측 불가능하시고 신뢰할 수 없는 하나님으로 비춰진다. 아이의 눈에는 부모나 교사 또는 권위자들이 하나님 같은 존재로 여겨진다. 잘못된 하나님관을 가진 사람들은 믿음을 갖기 어렵고, 믿은 후에도 성숙의 과정이 힘겹다.

　　<u>태생적인 맹점 때문에</u>　선천적인 맹점 또는 부족함은 죄나 실수와는 무관하지만, 본인이나 가족 또는 주위 사람들에게 심한 통증을 유발한다.

　　브렛은 보기 드물게 유능한 석유공학 엔지니어다. 그가 가진 특허는 수 킬로미터 떨어진 지하 유정관에 달린 밸브를 지상에서 유압으로 열고 닫는 새로운 공법인데, 이는 셰일가스와 더불어 현재 중요한 석유공학기술로 꼽힌다. 그의 첫아이는 자폐와 간질을 동시에 앓

앉는데, 지금은 그 아이가 신장 190센티미터에 110킬로그램이 넘는 이십 대의 건장한 남성으로 장성했다. 그는 일주일에 여러 번 간질로 경련을 일으킨다. 화장실에 있을 때 경련이 오면 거구인 그가 무의식적으로 변기 밸브를 차는 바람에 온 집안에 물이 넘친다. 어느 주에는 두 번이나 집에 물난리가 났다. 어느 날 브렛에게 아들에 대해 어떻게 생각하는지 조심스레 묻자 그는 주저함 없이 아이가 참으로 아름답고 귀하며 날마다 그 아이를 통해 하나님을 본다고 했다. 그 아비에게는 두 가지 소원이 있다. 그 아이와 단 한 번이라도 눈을 마주치는 것과 그 아이보다 하루만이라도 더 사는 것이다. 담담히 소원을 말하는 그의 얼굴에서 인생의 행불행을 뛰어넘는 거룩함이 묻어났다.

그렇다. 복음을 인생에 행복을 가져다주는 요술 방망이로 믿으면 브렛에게는 그 복음이 절대로 적용될 수 없다. 요한복음 9장에 나오는 맹인에 관한 물음에 주님은 "그 부모의 죄로 인한 것이 아니라 그에게서 하나님께서 하시는 일을 나타내고자 하심이라"고 선포하신 것과 같이 하나님의 영광이 브렛의 얼굴에 비쳤다. 신앙이 아니면 이 세상 어느 곳에서도 볼 수 없는 광채였다. 그는 절망의 순간에 하나님의 영광을 본 것이다. 그 아이가 아니었으면 절대로 그 세계를 경험할 수 없었을 것이라고 고백하는 그의 눈에서 기이한 평안이 엿보였다. 절망과 신위적인 믿음의 세계는 이처럼 긴밀하다.

처한 환경 때문에 1985년부터 원유 값의 하락으로 내가 다니던 석유 회사에서 구조 조정이 시작됐고, 본격적으로 '리엔지니어링'이라는 단어가 미국 산업 전반에 불기 시작했다. 여섯 명의 동료가 해고되었고, 나는 혼자 댈러스로 전근 발령을 받았다. 내 나이 서른여섯, 신앙생활 10년차의 내면은 마른 논바닥마냥 갈라져 있었다.

댈러스 연구소에 출근한 지 며칠 지나지 않아서 건물 청소하는 박 형을 만났다. 동년배인 우리는 의기투합해서 매일 점심을 같이했는데, 어느 날 박 형이 내게 자신의 가정사를 털어놓았다. 부친은 정규 육사 출신의 총명 강직한 군인이었는데 전쟁 중에 전사하셨고, 모친은 일제 때 수피아여고를 다닌 신여성이었다. 모친은 부친이 남긴 재산을 잘 관리하며 생계를 이어 갔는데, 누군가로부터 계란 장사가 좋다는 말을 듣고 큰 트럭을 대절해서 시골을 돌며 계란을 사서 동대문시장에 도착했다. 급한 일을 보기 위해서 운전수에게 당부를 하고는 한 시간 정도 자리를 비웠는데, 그 한 시간 안에 모든 비극이 일어났다. 운전수가 짐을 조심스럽게 내리지 않고 트럭 위에서 그냥 던진 것이다. 계란은 어느 것 하나 성한 것이 없었고 그것으로 모친은 사업을 접었다. 한 사람의 잘못으로 삽시간에 한 가정의 경제적 몰락이 찾아왔다. 그 후 고등학교를 마친 박 형은 유람선을 타다가 댈러스로 와서 청소부 일과 태권도 사범 일을 했다. 혼자 5년 이상 떠나 있는 동안에 그의 가정도 해체되는 아픔을 겪었다. 처한 환경에 찾아든 곤고한 밤이었다.

그와 1년 반을 같이 지내는 동안 여러모로 주님을 증거했지만 그는 항상 씩 웃으며 지나쳤다. 그 후 10여 년이 지난 어느 날 토론토에서 전화가 왔다. 박 형이었다. 그는 좋은 사람을 만나 재혼했다며 쑥스러워했다. 진심으로 축하해 주자 박 형은 투박한 사투리로 두 사람이 함께 교회에 다니고 있다고 전했다. 그의 목소리는 오랜만에 참 밝았다.

영혼의 밤과 믿음

영혼의 밤과 믿음의 관계를 설명하기 위해 믿음을 두 가지 관점으로 나누어 보았다. 앞서 언급한 바와 같이 '인위적'(人爲的) 믿음과 '신위적'(神爲的) 믿음이다. 인위적 믿음은―스스로 만들어 낸다는 의미가 아니라―'나의 필요'에 의해서 하나님께서 '주시는' 믿음이고, 신위적 믿음은 '하나님의 필요'에 의해서 하나님께서 '허락하시는' 믿음이다. 다음 구절은 '주님의 필요'를 분명하게 나타낸다. 즉, 우리의 육신이 전혀 개입되지 않은 상태다.

> 만일 누가 너희에게 왜 이렇게 하느냐 묻거든 주가 쓰시겠다 하라
> (막 11:3).

주님은 예루살렘 입성을 위해 당나귀와 제자들이 필요했다. 그리하여 먼저 두 제자를 부르시고, 그들에게 당나귀를 끌고 오라고 명하셨다. 제자들은 자신들의 겉옷을 얹어 당나귀 등 위에 안장을 만들어 드리고 주님의 예루살렘 입성을 완성했다. 이것이 하나님의 '필요'이고 하나님의 '일하심'의 순서다.

하나님께서 믿음을 주시고 우리는 받는다(벧후 1:1). 병자에게 의원이 필요하듯(눅 5:31) 인간은 자신의 필요에 의해 하나님을 찾다가 하나님의 은혜로 인위적 믿음을 받고 신앙생활을 시작한다. 신위적인 믿음은 숨겨진 육신이 철저히 무력화(無力化)될 때 경험된다. 신자가 이 두 믿음 사이에서 머뭇거리는 시간이 영혼의 밤이다. **이 밤은 우리로 인위적 믿음에서 신위적 믿음으로 옮겨 가게 하는 교두보 역할을 하기도 하고,**

단지 통증만 증가시켜 쓴뿌리를 만드는 힘든 시간이 되기도 한다.

> … 비록 우리가 그리스도도 육신을 따라 알았으나 **이제부터는** 그
> 같이 알지 아니하노라(고후 5:16).

위의 구절에서 '이제부터'는 시간적 경계를 의미한다. 이전에는 자신의 필요에 의해서 인위적으로 주님을 알게 되었으나, 이후로는 하나님의 필요에 따라 신위적인 믿음으로 살겠다는 선포가 이루어지는 경계점이다. 인위적 믿음은 어떻게든 자신을 더 잘 포장하려고 하지만 신위적인 믿음은 스스로 꾸민 포장을 풀어헤친다. 상처 회복을 위해 반창고로 덮으면 곪지만, 상처 부위를 열어 놓으면 딱지가 앉고 새살이 돋아나는 이치다. **상처가 나지 않았으면 경험하지 못했을 신비한 하나님의 세계가 상처를 통해서 경험된다는 사실이다.**

아무리 나의 필요가 강렬해도 하나님께서 허락하지 않으시면 절대로 믿음을 가질 수 없다. 우리의 필요가 하나님과의 연결 다리로 사용되면 인위적 믿음이다. 그 후에 믿음 성장이 중지되면 관성적 종교 생활이 우리의 삶을 지배한다. 믿음은 주어지는 것이므로 점진적 훈련으로 이루어지지 않는다.

신위적 믿음의 경험과 성숙을 위해서 하나님께서 사용하시는 도구 중 한 가지가 '영혼의 밤'이다. 황량하고 처절하고 거친 광야와 같이 영혼의 밤이 혹독할수록 우리의 육신이 드러나기 쉽다. 그렇지 않으면 우리의 육신은 절대로 자신의 신분을 노출하지 않기에 우리로 하여금 종노릇하게 한다.

인위적인 믿음은 이 세상에서 하나님께서 주시는 각양 좋은(약

1:17) 것을 원한다. 그러나 하나님의 축복도 우리 속에 머무르면 저주로 변한다. 여호수아는 율법이 저주와 축복의 책(수 8:34)임을 증거한다. 이에 대해서는 율법 속에 저주와 축복이 동시에 포함되었다는 해석보다는, 어떠한 축복도 인위적인 믿음에 속하면 저주로 변할 수가 있다는 해석이 더 합당하다. 하나님께서 이 땅의 만물을 보호하기 위해 만드신 궁창 위의 물(창 1:7, 욥 26:8)이 인간의 죄악을 심판하기 위해 홍수로 쏟아져 마침내 호흡하는 모든 동물을 죽이는 흉기로 돌변한 것(창 7:11)처럼 말이다. **나의 자유와 안전을 위해서 만들어 주신 시간이나 공간의 경계가 어느 날부터는 나를 속박하는 굴레로 비쳐지기 시작하면 인위적인 믿음 속에 갇혀 있다는 방증이다.**

반면 신위적인 믿음 안에 머무는 사람은 다음의 다섯 가지가 일치한다.

생각 = 느낌 = 언어 = 행동 = 믿음

신위적인 믿음 세계는 사실에 근거한 실제적인 경험의 세계이기 때문에 이 믿음을 경험하기 위해서는 감찰하시는 하나님의 성품을 이해해야 한다. 즉, 하나님은 우리의 고백이 사실인지 아닌지를 다음 세 가지 과정을 거쳐 우리로 직접 확인하게 하시고 신위적인 믿음을 경험하게 하신다.

① 쌓아 온 모든 것을 잃는다.
② 숨어 있던 육신이 드러난다.
③ 하나님과 독대하고 회개한다.

이 과정을 거쳐 영혼의 밤을 지났다고 해서 무조건 신위적인 믿음의 세계를 경험할 수 있는 것은 아니다. **영혼의 밤은 어떤 이에게는 자신과 주위를 살리는 계기가 되기도 하는 한편, 어떤 이에게는 자신과 후손에게 치명적인 약점을 남기는 비극이 되기도 한다.** 전대미문의 위기를 맛본다고 해서 반드시 인생이 신위적 믿음 세계로 돌입하는 것이 아니다. 인생은 마지막 지푸라기를 포기하지 않으려는 속성을 가지고 있다. 마지막 파산이 없으면 신위적인 믿음도 없다. 그것은 인간으로는 불가능하나 하나님께는 가능하다.

이 세상에 와서 이룬 것 모두를 잃는다는 것은 외적으로뿐만 아니라 내면 또한 철저히 무너지는 것을 의미한다. 그래야 나를 움직이는 육신의 존재가 명확해진다. 이 세상의 것 중에 혹 내가 의지하는 것이 있으면 가감 없이 부서져 나가야 한다. 그것이 배우자든 자식이든 자신이 이룬 업적이든 대의명분이든, 자신과 연관된 모든 것 심지어 삶의 목적조차도 파산을 맞아야 한다. "우리가 세상에 속하지 않으려면"(요 15:19) 그 길밖에 없다. 바울의 고백처럼 "모든 것을 배설물"(빌 3:8)로 여긴다는 표현이 적절하다. 철저한 파산이다. 인위적인 믿음에 금이 가야 인생은 신위적인 믿음의 세계를 원한다.

이 과정에서 중요한 것은 감정 처리다. 그 과정에서 맞닥뜨리는 통증 때문에 우리의 내면을 대면하기가 괴롭다. 그러나 있는 그대로 통증을 느끼지 않으면 육신은 최선의 방법으로 우리를 보호하려고 마지막 시도를 한다. 위기란 평소의 자신이 밖으로 드러나는 시간이다. 위기를 만나면 우리의 방어 기재인 육신(肉身)이 여지없이 드러난다. 믿음을 가진 이의 지나친 금욕적 삶이나 또 치우친 감정은 '디퍼 워크'(Deeper Walk: 하나님과의 깊은 교제)를 하는 데 거침돌이 된다. 감정을 통해서 하나님과 동행하지 못하게 방해하는 육신이 무엇인지를 발견할 수 있다.

우리는 원치 않는 사건이 일어나면 사건만 본다. 즉 하나님을 주목하는 훈련이 부족해서 어떻게든 이 사건을 빠르게 해결하고 통증을 최소화하고 다시는 이러한 통증이 반복되지 않도록 모든 정력을 쏟아 붓는다. 그리고 그러기 위해서 가장 사랑하는 하나님도 이용한다. 전형적인 인위적 믿음의 단계다. **하나님께서 내게 원치 않는 사건을 허락하시는 이유는 사건 중심에 계시는 하나님을 보기 원하시기 때문이다.**

신앙생활 중에 가장 힘든 때가 바로 환경이 변해야 한다는 생각이 들 때다. 어려운 상황 가운데 환경이 변해서, 하나님의 능력이 나타나서 크고 비밀스러운 일들을 경험했다는 그리스도인을 종종 만난다. 오늘도 어떤 믿는 이들에게는 기도한 대로 계약이 이루어지고, 자녀들은 좋은 직장과 학교에 가고, 병이 들었다가 치유되고, 사업이 원하는 대로 굴러 가고, 기도와 소망대로 일이 풀려 나가고 있다. 또 반대로 동시다발적인 영혼의 밤으로 씨름하는 이도 있다. 이들에게 믿음의 세계를 어떻게 설명할 것인가?

만일 우리의 믿음이 이 세상에서 반전을 맞아 해피엔딩을 이루기 위한 디퍼 워크라면 이러한 논리는 기복신앙과 별반 다를 바 없다. 상담을 하다 보면 복음서에 나오는 열 명의 문둥병자와 동일한 결말이 나는 경우를 종종 목격한다. 열 명의 병자 중 오직 한 사람만 돌아와서 주님께 감사를 드렸다고 했다. 병의 나음은 정상적인 삶의 시작에 불과하고 인위적인 믿음의 출발에 불과하다. 이어서 신위적인 믿음 세계를 경험하지 못하면 하나님을 항상 나의 필요 이상의 존재로 여기지 않게 된다.

예수께서 생애 처음 하신 대중 설교의 첫마디가 '없는 사람'은 복이 있다고 하신 것을 보면 가진 것도 없고 실패하고 기도 응답도 시원찮게 받아 믿음에도 실패한 것같이 삼각 파도를 만난 이들에게 삶의 핵심을 말하는 것이 복음의 관건일 것이다.

광야는 변변한 것이 없기에 하나님의 거룩하심이 나타나는 곳이다. 인생은 광야에서 무엇을 이룩해 보려고 한다. 그런데 광야는 있는 곳이 아니라 없는 곳이고, 마지막까지 간직하고 싶은 것을 빼앗기는 곳이고, 훈련을 받는 곳이 아니라 나의 육신을 보는 곳이고, 그 육신이 마침내 십자가에서 죽는 곳이다.

이사야 50장 11절처럼 영혼의 밤을 온전히 소화하면 신위적인 믿음 세계로 인도되지만, 반대로 소화해 내지 못하면 더 큰 고통 속에 눕는다. 영혼의 밤은 누구에게나 일어나지만 또 누구에게나 일어나는 것은 아니다. 겉으로 드러나는 모양은 같으나 하나님의 음성을 청종하는 이에게는 영혼의 밤이 되고, 그렇지 않은 이에게는 단순히 고통의 시간이거나 혹은 역경을 통해 더욱 강인한 자아를 만들어 내는 시간이 된다.

오늘날 한국 사회는 포스트모더니즘으로 접어든 구미 문화를 급속히 따라잡고 있다. 유럽 개신교회가 지난 300년에 걸쳐서 경험한 융성과 쇠락을 한국 개신교가 지난 30년 동안 빠르게 답습하였으며 질적인 퇴보도 그러하다. 믿음으로 매 순간 사는 신위적인 믿음의 세계를 경험하지 못한 채 인위적 믿음에 머무르게 되면 신앙생활은 본격적인 죽음길에 접어든다.

에스겔은 영혼의 밤과 죄와 회개의 관계를 절묘하게 표현했다. "이스라엘 족속의 환난 때 곧 죄악의 마지막 때에"(겔 35:5) **영혼의 밤은 환난으로 마칠 것이 아니라 죄를 끝내는 시간이 되어야 한다.** 밤이 오지 않았다면 여전히 혼돈 가운데 있겠지만, 이제 밤이 왔으니 과감한 선택으로 영혼의 밤을 극복하면 영적 반전을 맞을 수 있다.

3장

육신의 문제와 통증

1992년 휴스턴 소재 인카리져교회 상담센터에서 상담 사역을 시작한 지 한 달이 채 안 되었을 때의 일이다. 사십 대 중반의 주디가 아내의 사무실로 찾아왔다. 그녀는 가쁜 숨을 내쉬면서 쓰러지듯 의자에 앉았다. 루이지애나 출신의 그녀는 단정한 흑발에 짙은 눈썹과 상앗빛 피부가 잘 조화된 미인이었다. 그녀는 이 도시에 있는 가장 큰 교회에서 새신자 전임 사역자로서 탁월한 은사를 발휘하고 있기도 했다.

그런 그녀가 극심한 우울증으로 병원에 한 달간 입원했다고 했다. 그녀는 겨우 숨을 몰아쉬며 자신의 이야기를 털어놓기 시작했다. 남편과의 갈등 때문이었다. 주디의 두 번째 남편은 전 남편과의 사이에서 낳은 두 아이를 끔찍이 사랑하며 키워 주었다. 그런데 막상 큰딸이 결혼을 하게 되자 그는 식장에 얼굴조차 내밀지 않았다. 이 문제로 그녀는 상심했고 심한 우울증에 빠지고 만 것이었다.

"주디! 그가 친자식처럼 사랑하며 키운 딸이 결혼식에서 친아버지의 손을 잡고 들어가는 광경을 보기가 얼마나 힘들었겠어요?"

이 말에 그녀는 수긍하는 눈치였다.

"당신의 삶의 목표 중 한 가지가 이상적인 남편과 사는 것이라면 결코 행복할 수 없을 거예요. 왜냐하면 그 꿈을 방해할 요소는 너무나 많으니까요."

그녀는 진지한 태도로 의자를 당기며 고쳐 앉았다.

첫 상담 후 남편과의 사이는 일단 안정세로 돌아섰으나 남편에 대한 주디의 강한 집착은 여전했다. 주로 결손 가정 자녀에게서 볼 수 있는 집착이었다.

다음 시간 그녀의 과거를 짚어 보았다. 그녀의 부모는 이혼을 했다가 재결합했고, 그 결과로 그녀가 태어났다. 그 때문에 그녀의 언니 오빠들과는 10여 년의 나이 차가 났다. 그녀의 출생은 화합과 가정 평화의 상징이었다. 하지만 그녀가 네 살 때 부모님은 다시 이혼을 하게 되었고, 그 후 그녀는 자주 이사를 다녀야 했다. 그 영향 때문인지 그녀는 어떠한 대가를 치르더라도 가정의 평화를 지키는 것을 가장 중요하게 생각했다. 열한 살에 예수님을 주님으로 모신 그녀는 소원하던 화목한 가정을 이루고자 열일곱 살에 결혼했으나 이혼으로 끝나고 말았다. 그 후 서른셋에 지금의 남편을 만나서 화목한 결혼 생활을 해오다가 딸의 결혼 문제로 우울증에 빠진 것이었다. 화목한 가정조차도 하나님께 맡기라는 권유를 받아들여 일단은 심각한 우울 증세에서 벗어나긴 했지만 가정 화목에 대한 그녀의 집착은 여전했다.

"주디, 당신은 기분이 좋지 않을 때 어떻게 해소하지요?"라고 묻자 "한나! 도무지 견디기 힘들 때면 마음속으로 H자를 그리기 시작한답니다. 어릴 때부터 그러한 습관이 있었던 것 같아요."

텅 빈 듯한 그녀의 눈망울에 쓸쓸함이 묻어났다. 그녀의 검은 눈동자와 투명한 피부는 이제 갓 겨울의 문턱을 넘어선 텍사스의 겨울 하늘처럼 스산해 보였다. 그녀의 대답에 뭔가 강한 감정의 동요가 감지됐다.

"어릴 때부터 마음이 불안하면 엄마와 누워서 엄마 등에 알파벳을 써 내려갔어요. 그러다 H자에 멈춰서 그 글자를 여러 방향으로 쓰곤 하는 습관이 있었죠. 지금도 불안이 엄습해 오면 H자를 마음속으로 계속 써요."

그 말을 하는 도중 주디는 갑자기 혼자만의 비밀을 들킨 듯 긴장하며 안절부절못했다.

"주디! 그럼 H자를 쓰는 행위를 잠시 멈추고, 그 글자를 쓸 때의 느낌을 대면해 보기로 해요."

바로 그때 그녀는 이미 마음속으로 H자를 그리려고 했고, 그녀의 감정이 이를 데 없이 헝클어지고 있었다. 그녀는 정색하며 말했다.

"한나! 솔직히 말하면 지금 마음에 H자를 써야 하는데 억제하려니 어쩔 줄 모르겠어요. 기분이 걷잡을 수 없이 불안해집니다."

그녀는 차오르는 감정을 조절하기가 힘겨운 듯했다.

"주디! 그러면 그 불안한 감정을 하나님 앞에 있는 그대로 드러내어 봅시다."

그녀가 불편한 감정을 대면할 때마다 마음속에 쓴다는 H자는 통증을 회피하기 위한 방편이었으며, 그녀의 통증을 도포해 주는 육신이었다. 성경적 상담은 내면의 상처에서 나오는 감정을 스스로 대면하게 하고 육신이 표면에 드러나도록 돕는다.

불안과 긴장의 감정을 성령님께서 다스려 주시도록 기도의 시간을 갖자고 했다. 두 사람은 조용히 눈을 감았다. 얼마 지나지 않아서 그녀에게 급격한 변화가 오고 있었다. 그녀의 얼굴은 별안간 일그러졌고 온몸이 굳어지며 눈물이 쏟아지기 시작했다. 그녀는 가지런히 두 발을 모으고 있다 갑자기 두 발을 의자 위로 올리더니 양팔로 두 다리를 꼭 끌어안으며 온몸을 한껏 웅크렸다. 그녀는 조그만 고양이처럼 덩그러니 의자 위에 웅크리고 앉아 몸을 가늘게 떨면서 울었다.

"주디! 하나님은 당신을 사랑합니다."

"한나, 그렇지 않아요. 하나님도 누구도 나를 사랑하지 않아요. 나를 그만 혼자 있게 내버려 두세요."

어떠한 위로에도 그녀는 쉬이 진정하지 못했다. 한참을 울던 그녀의 몸이 경직되기 시작했다. 아내는 그날 오후 예약을 모두 취소하고 그녀를 지켜보기로 했다. 어느덧 세 시간이 지났다.

"한나! 지난 몇 시간이 나에게는 아주 중요한 순간이었던 같아요. 한나가 기도를 시작하자 별안간 눈앞에 세 살 때의 장면이 떠올랐어요. 부모님의 벽장 속에 들어가 웅크리고 앉아 있는 저의 모습을 보았습니다."

놀랍게도 그녀에게 과거의 기억이 떠오른 것이다.

"어느 날 나는 벽장 속에서 부모님의 심한 말다툼을 듣게 되었습니다. 일전에 말한 것과 같이 내게는 나보다 10여 년 연상인 언니와 오빠만 있었기에 혼자 부모님 벽장 속에 들어가 놀곤 했습니다. 그날도 벽장 안에 들어가 놀고 있다가 부모님의 싸우는 소리를 들은 것이었죠. 문틈으로 밖을 내다보고는 두 다리를 끌어안은 채 떨면서 기도했어요. '하나님 제발 두 분이 싸우지 않게 해주세요'라고요. 계속되는 언쟁에 귀를 닫았지만 두렵고 떨려 눈물이 멈추지 않았어요. 문득 이 싸움이 나 때문에 일어났다는 생각이 들었습니다. 그 시절 나는 엄마와 종종 침대에 누워 알파벳 놀이를 했습니다. 알파벳은 나에게 솜사탕과 같은 추억입니다."

그녀는 오래된 잠에서 깨어나고 있었다.

부모님의 불화와 이혼 과정은 어린 주디에게 세상이 무너지는 듯한 아픔을 가져왔다. 성인이 되어 자신을 조건 없이 사랑하시며 심적 필요를 채워 주시는 하나님을 알게 된 이후에도 주디는 온전히 하나님을 의지하지 못했다. 불안하거나 긴장할 때면 어김없이 마음속으로 H자를 쓰며 불안을 해소한 것이다. 불안해하는 그녀를 능숙하게 안정시켜 주었던 그것은 바로 육신이었다.

이 사건 이후 주디는 H자를 쓰는 대신 다른 방법들을 찾기 시작했다. 어릴 적부터 가지고 다니던 낡은 이불 조각이나 곰 인형을 직장이나 상담소에 들고 다닌다며 수줍게 웃는 주디는 유아기에 억눌렸던 감정이 풀리자 비로소 집착에서 벗어나게 되었다. 그리고 사십 대 중반을 넘어선 그녀에게서 새로운 행동들이 나타났다. 영적 건강이 회복된 것이다.

육신(flesh) 때문이다

주디가 원하고 꿈꾸어 온 그 세계를 살지 못하게 한 원인은 무엇인가? 바로 육신(flesh)이다. **육신은 하나님으로부터 독립하여 자신의 자원으로 스스로 생존하고자 하는 자아를 말한다.**

육신은 하나님께서 창조하신 '나'와 구별된다. 아담이 처음 지음을 받았을 때는 하나님의 보호하심에 있었기에 인간은 자기방어 체제가 필요 없었다. 아담은 하와의 권유로 열매를 먹고 난 후 벌거벗음에 대한 수치를 느끼고 벗은 몸을 가려야 함을 자각한다. 열매를 먹는 순간 하나님과 분리되어 자기를 가려야 하는 '자아'(self, 自我)가 생긴 것이다. 바로 이 자아가 스스로 연명하는 과정에서 느끼는 수치와 통증으로부터 자신을 보호하려는 육신이다.

아담의 후손인 우리가 배우지 않고도 자신을 지키려는 본능을 드러내는 이유는 날 때부터 우리 속에 육신이 존재하기 때문이다. 하나님 안에 있으면 우리는 수치를 느끼지 못한다(창 2:25). 그러나 육신이 생김으로 우리는 수치를 느끼고, 그 수치라는 체제가 우리를 조종하려 든다. 동양철학의 근간은 바로 이 수치다. 수치를 통해서 사회 질서를 잡는 방법은 어느 정도 효과는 있지만 하나님이 원하시는 성경적 방법이 결코 아니다.

성경에서 말하는 육신　이 책에서는 육신=자아＝자기＝옛 사람(엡 4:22)이라는 등식을 적용하려 한다. 육신은 물리적인 몸을 말함이 아니라 바울이 로마서 7장과 8장에서 자신을 올무에 빠지게 하는 죄 된 근본적인 실체, 죄 된 몸 등으로 전용되어 사용하기도 한다.

"**내가** 그리스도와 함께 십자가에 박혔나니"(갈 2:20)에서 '나'와 "**자기**를 부인하고 날마다 제 십자가를 지고"(눅 9: 23)에서 '자기'는 "우리가 **육신**에 있을 때에는 율법으로 말미암는 죄의 정욕이 우리 지체 중에 역사하여 우리로 사망을 위하여 열매를 맺게 하였더니(롬 7:5)"에서의 '육신'과 동일하다. 그리스 델포이 신전에 각인되어 있는 유명한 명제 "너 **자신**을 알라!"에서 '자신'도 육신이다.

로마서 7장에 표현된 '곤고한 이'는 자신의 보호벽이 하나님으로 바뀌었음에도 여전히 스스로 생존하려고 육신에 매여 죄에 종노릇하는 존재다.

> 율법이 육신으로 말미암아 연약하여 할 수 없는 그것을 하나님은 하시나니 곧 죄로 말미암아 자기 아들을 죄 있는 육신의 모양으로 보내어 육신에 죄를 정하사 육신을 따르지 않고 그 영을 따라 행하는 우리에게 율법의 요구가 이루어지게 하려 하심이니라(롬 8:3-4).

죄는 육신을 좇을 때 생기는 결과물이다. 주님도 육신을 가지고 계셨지만 죄를 짓지 아니하신 이유는 성령을 좇으셨기 때문이다. 우리도 성령님을 좇으면 죄를 짓지 않고 신위적인 믿음의 세계로 돌입할 수 있다.

주님을 구세주, 주님 그리고 생명으로 경험하게 되는 순간부터 이미 육신은 우리를 지배할 능력을 합법적으로 상실했다(갈 2:20). 그러나 "그리스도 예수의 사람들은 육체와 함께 그 정욕과 탐심을 십자가에 못 박았느니라"(갈 5:24)는 말씀과 달리 여전히 육신이 왕성하게 역사하는 이유는 우리 스스로가 육신에게 주인 노릇을 양보하기 때문이다.

한자에 나타난 육신　전(全) 지구적인 홍수가 일어나기까지 창세기의 처음 여섯 장에 나오는 사건이나 인물들에 대한 정보가 무려 200여 한자에 들어 있다. 3,500년 전에 한자를 처음 만들 때 중국 조상들이 창세기 1-6장에 기록된 내용과 동일한 세계관을 가지고 있었다는 사실은 매우 충격이었다(《The Discovery of Genesis: How the Truths of Genesis Were Found Hidden in the Chinese Language》 참조). 이 책에 영향을 받아 한자를 공부하던 중 '아'(我)자의 신비에 놀랐다. '나'를 지칭하는 아(我)는 '손 수'(手) 변에 '창 과'(戈) 자를 조합한 합성어다.

$$我 = 手(수) + 戈(과)$$

즉, 손에 창을 든 것이 나(자신)라는 말이다. 창은 긴 막대에 뾰족한 형상의 무기가 달려 있어 찌르거나 후려치기에 적당한 도구다. 따라서 자신을 공격하는 상대를 제압해서 역공격하거나 방어하여 자신을 보호하는 데 제격이다. 이 속성은 육신의 본질과 흡사하다.

<u>육신의 형성</u>　사람은 떡으로만 사는 존재가 아니기에 무조건적 사랑, 안정감, 소속감, 용납감, 존재감 그리고 죄를 이길 능력 등의 내적 필요가 따른다. 이러한 모든 필요를 하나님으로부터 공급받아야 한다. 하나님과 분리되어 태어난 우리는 부모나 친구나 환경을 통해서 그것들을 공급받으려 하지만, 부모 또한 자신의 필요가 채워지지 않은 상태로 부모가 되었기에 우리의 필요를 채워 주기에는 역부족이며, 환경 또한 타락하여 공급할 능력을 지니기 쉽지 않다. 그러나 우리는 여전히 어떠한 방법으로든 스스로 연명하고자 한다.

필요가 충족되지 않으면 거부감과 통증을 느끼고, 통증이 쉽게 사라지지 않으면 실망과 분노에 사로잡힌다. 우리는 실망이나 분노를 드러내거나 속에 쌓아 둔다. 그러한 감정을 해소하는 데는 두 가지 양상이 있다. 술, 마약, 다툼, 도박, 폭언, 폭행 등에 의존하는 파괴적인 방법과 예술, 문화, 교육, 문명 등으로 표현하는 건설적인 방법이 있다. 두 방법 모두 육신의 조종권 아래 있다. 육신의 건설적인 사례가 가인의 후손들의 업적이다. 그들은 각종 문화와 문명을 이룩해 나갔다. 반대로 분노를 속에 쌓아 두고 삭이면 극심한 우울증을 겪는다. 이를 정리하면 다음과 같다.

내적 필요 거부(상처) → 통증(감정) → 스스로 생존(육신)

이때 통증을 통해서 하나님을 보는 것을 '믿음'이라 한다면, 통증을 경감하기 위해 자구책을 마련해 아픈 자신을 보호하려는 모든 방어기제가 '육신'이다.

유아 단계의 미성숙한 시기에 당하는 거부감은 육신 형성에 결정적인 역할을 한다. 이는 '직접적 거부감'(overt rejection)과 '간접적 거부감'(covert rejection)으로 구분된다. 직접적 거부감으로는 폭력, 폭언, 성폭력 또는 성추행, 전쟁, 가난 등이다. 간접적 거부감은 쉬이 눈에 띄지는 않지만 더 치명적이다. 예를 들면 부모의 불화, 과보호, 조건적 사랑, 총애, 편애, 부모 또는 형제의 장기간 투병이나 군복무, 결손 가정, 잦은 이사, 강한 부친과 유약한 모친 혹은 그 반대, 조실부모 등이다.

거부감의 결과로 드러나는 반응 또한 다양하다. 자존감의 상실, 출생에 대한 원망, 열등감, 우울증, 감정 표현 장애, 공황장애, 걱정, 근심, 불안 등이 드러난다. 그 결과 지극히 주관적인 성향이 나타나거나, 내성적 성품, 완벽주의, 우유부단, 지나친 책임감, 책임감 결여, 자책, 자기혐오, 중독, 죄의식 등의 감정에 시달리며 살아간다. 대인 관계에서도 동일한 결과를 가지고 오는데, 타인과 사랑을 주고받는 데 어려움을 느끼기도 하고 부모 또는 하나님의 권위에 대해 불신을 품게 된다. 자녀와의 관계에 있어서는 충동적 대화를 일삼으며, 자녀를 잘 돌보지 않거나 과보호(집착)하기도 한다.

육신의 특징

육신은 교묘하고 끈질기며 은폐술이 뛰어나다. 어떠한 환경에서도 자신의 정체를 교묘하게 감추거나 변신하는 재주가 탁월하다. 평소에는 잘 보이지 않는 육신이 특별한 환경에 처하면 그 정체를 드러내어 혼돈을 준다. 앞서 등장한 주디의 경우처럼 어느 날 갑자기 의외의 행동을 하는 자신을 발견하고는 상담을 요청하는 경우가 많다. 육신은 영혼의 밤에도 모든 수단과 방법을 동원해서 자기 목숨을 연명하려고 전심전력을 쏟다 버틸 수 없으면 정체를 드러낸다.

육신은 자신의 신분이 어쩔 수 없이 노출되면 스스로 합리화를 시도해서 또다시 재기를 노린다. 육신은 하나를 잃더라도 끈질기게 우리를 부추겨 종교 생활을 하게 한다. 문어는 발 하나로 인해 위기에 처하면 스스로 그 발을 잘라 버린다. 육신과 흡사하다.

신위적인 믿음의 세계에서 합리화는 금물이다. 신위적인 믿음의 세계를 이야기하면 흔히 이렇게 묻는다. "꼭 그렇게까지 해야 하나요?" "정말 그렇게 사는 사람이 있습니까?" 신위적 믿음에 현실성이 없다는 주장이다. 이 질문 역시 육신에서 나온 것이다.

하나님께서는 요나를 설득하기 위해서 풍랑을 일으키심으로 그를 바다에 던지게 하시고, 고래까지 동원하여 그를 가두셨다. 그만큼 요나의 육신은 끈질겼다. 그는 니느웨가 이스라엘을 멸망시킬 것을 알고 있었기에 민족을 위한 충심에서 하나님께 반항한 국수주의 선지자다. 그의 국수주의 역시 육신이다. 그래서 그는 어떠한 하나님의 설득도 이리저리 피해 가며 합리화했다.

육신은 결코 녹록하지 않다. **'하나님의 열심'을 이해하려면 육신의 끈질김을 염두에 두어야 한다.** 인간 육신의 끈질김은 하나님의 열심보다 한 수 위다. 그 이유는 끝까지 하나님을 불신한 채 이 세상을 하직할 수가 있고, 자살이라는 극단적인 최후 선택까지 할 수 있는 것이 육신이기 때문이다. 모세를 추적하신 하나님께 80년이라는 시간이 필요하셨다면, 모세가 가진 육신의 끈질김은 80년 이상이다.

집단적 육신　지역 차별이나 인종 차별 및 모든 사상(~ism) 또한 집단 육신의 일종이다.

> 여호와께서 나라들의 계획을 폐하시며 민족들의 사상을 무효하게
> 하시도다(시 33:10).

불문율이 압도적인 곳이나 불투명한 곳은 반드시 집단적 육신
이 작용하는 분위기가 팽배한다. 교회 모임 중에도 부흥과 변화가 크
게 일어날수록 육신이 자리 잡기 쉽다. 그래서 특별한 수칙이라든가
불문율을 정립할 때 또는 자기들만의 언어가 만들어질 때 각별한 주
의를 요한다. 특히 이단은 이러한 특징이 두드러진다.

21세기 가장 윤택한 복지국가인 덴마크와 스웨덴은 이제 하나님
대신 복지가 견고히 자리를 잡았기에 교회가 장식물로 전락했고 번영을
위한 들러리가 되었다. 모세는 가나안 도착 훨씬 전에 정확히 '번영'이라
는 집단적 육신을 지적한다. 한국 기독교도 유사한 궤도를 그리고 있다.

> … 네 소유가 다 풍부하게 될 때에 네 마음이 교만하여 네 하나님
> 여호와를 잊어버릴까 염려하노라(신 8:13-14).

교회 공동체에서 지도자가 육신에 끌려 의사 결정을 하면 성도
가 지적하기 힘들다. 이때 지도자가 육신의 조종에서 벗어나려면 배
우자의 역할이 중요하다. 돕는 배필이 본연의 임무를 감당하지 못하
면 그 모임과 교회와 가정은 물론 국가까지도 아나니아와 삽비라 부
부와 같이 죽어 갈 수밖에 없다.

육신이나 약점이 노출되어도 부끄럽지 않은 모임은 풍성한 영성을

누리지만, 그 반대가 되면 공동체는 서로의 육신이나 약점을 감추기에 급급하며 피상적인 종교 생활에 매달리게 된다. 인도자가 하나님의 '감찰하심'에 민감하게 반응하여 객관적으로 자신을 관찰하면 그 모임은 신위적인 믿음의 세계로 발전하지만, 그렇지 않으면 교회 안에 집단적 육신이 형성되고 영적 소진, 영적 폭행, 종교 중독으로 넘어갈 확률이 높아진다. 특히 열정적인 신앙 모임에서 카리스마 있는 사역자가 리더십을 발휘할수록 집단적 육신을 배양하기 쉬우며, 그 피해는 상당히 심각하다.

미국 동부에서 폭발적인 부흥을 경험한 교회가 있다. 아이비리그 소속 젊은 동양인 2세 청년들을 데리고만 가도 확실히 변화된다고 할 만큼 전도 운동이 활발한 교회였다. 시간이 흘러 목자들은 점점 자신들이 만들어 놓은 목회 방법에 의지하기 시작했으며 많은 결신자가 생겨도 더 이상 감격하지 않았다. 목자들은 하나님의 인도하심에 둔감해지는 영성 제로의 상태가 되었고, 목원들을 목장에 묶어 두기에 급급했다. 그러다 목자 중 한 사람이 지난 30년간의 복음주의 교계에서 반복되는 '불륜' 문제에 휘말리게 된다. 이런 모임에 나타나는 집단 육신의 특징 중 한 가지는 외부인을 끌어안기보다는 배제하려는 행동이다. 진입 장벽을 까다롭게 만들어 차별을 두고 스스로 특별해지려 한다. 비록 모임이 순수하기를 원하지만 차별화하는 과정에서 스스로를 올무에 빠뜨린 것이다. 이러한 특별한 열심은 하나님을 뵙기 전의 바울이나 엘리야의 행동과 흡사하다. 아무리 선한 목적으로 모임이 진행되어도 이 육신은 모임 자체를 하나님보다 더 중요하게 여기기에 생명력을 잃는다.

은폐술이 뛰어난 육신   육신은 사람들이 부러워할 만한 선할 일도 도모하기에 분별력이 없으면 육신의 조종을 파악해 내기 어렵다. 영어 표현에 "소매 깊숙이 감추어 둔 에이스"(Ace up your sleeve)라는 표현은 결정적인 순간에 강력한 카드로 판세를 뒤집는다는 말이다. 이는 육신의 음흉한 변신술과 끈질김을 단적으로 묘사한다. **마지막 회심의 일격을 감추고 있는 한 디퍼 워크는 불가능하다.** 요셉은 마지막 2년의 감옥 생활에서 자기가 가지고 있던 마지막 카드를 던진다. 야곱은 마지막으로 베냐민을 던져 빈털터리가 되고 나서야 비로소 지속적으로 신위적인 믿음의 세계를 살아갔다. 인생은 마지막 지푸라기를 던지지 않으려고 한다. **육신의 파산이 없으면 신위적인 믿음도 없다.**

육신의 종류

"따르릉" 신경질적으로 울리는 전화 소리에 아내는 급히 수화기를 들었다. 다급한 목소리다. 벌써 며칠 동안 경식이 잠을 못 잤다는 경식 아내의 전언이다. 아파트 문을 밀고 들어섰을 때 마주친 경식의 두 눈은 이미 붉게 충혈되어 있었다.

경식이 우리 집으로 처음 상담을 왔을 때가 고등학교를 마친 때였으니 우리와 알고 지낸 지도 벌써 20년에 가깝다. 기독교 가정에서 자랐지만 부모님의 폭력적 불화로 어린 경식의 밝은 성격이 사춘기에 들어서면서 걷잡을 수 없이 무너졌다. 결국 아무도 그를 제지할수 없으리만치 난폭해진 경식은 반 년 가까이 S병원에 입원해 있었다. 퇴원 후 나의 아내가 경식을 상담하기 시작한 때가 그의 나이 19세 되던 해였는데, 이미 약물에 중독된 그의 눈동자에는 초점이 없었다. 상담의 필수인 대화를 할 수 없을 정도여서 과연 이 캄캄한 영혼의 밤에 그가 하나님을 보도록 인도할 수 있을지 의문이었다. 부모의 불화는 어린 그에게 공포였다. 그는 무력감과 죄책감으로 인해 조울증을 앓고 있었다. 사춘기에 접어들면서 통증에서 벗어나기 위해 폭력적인 친구들과 어울리며 충동적인 삶을 배웠다. 현실을 도피하는 육신의 방법에 익숙하다 보니 공부에 집중하지 못했고 생활 방식이 거칠었다. 툭하면 싸우고 사고 치는 삶이었다.

경식은 조증일 때 에너지가 넘치고 영적인 지식도 풍부했다. 뛰어난 화술을 발휘했으며 IQ 지수가 10 이상 증가했다. 조증의 경식은 쾌도난마처럼 일을 벌였는데, 최고급 차를 산다거나 심지어 집 한 채를 가뿐히 계약해 버리기도 했다. 한편 울증의 경식은 외출을 삼가고 내내 자살 충동에 시달렸다.

아이가 보호받고 사랑을 받으며 자라면 신뢰가 바탕이 되지만, 부모의 불화를 목격하며 자란 경식의 세계는 불안·긴장·불신으로 가득했다. 기본적인 욕구를 불화 중인 부모에게 구할 수 없으니 눈치를 보며 자신의 필요를 억누른 채 자랐다. 부모가 다투는 과정에서 생겨나는 짜증과 불만의 불똥이 그에게 튀는 일들이 쌓여 감에 따라 그의 자존감은 낮아져만 갔다. 그러다 보니 부모를 원망하기보다 오히려 아무것도 하지 못하는 자신을 미워하는 악순환이 부지불식간에 형성되었다. 육신은 일정한 형상을 띠고 있지 않지만 스스로를 보호하기 위해서 끊임없이 다른 육신으로의 변이를 서슴지 않는다. 억눌린 욕구가 분노로 폭발되어 충동적인 행동을 저지르고 나면 경식은 죽고 싶을 만큼 괴로워 우울증에 갇힌 채

오랫동안 방 안에서 나오지 못했다. 하나님의 메시지는 그에게 전혀 힘이 되지 않았다. 성인이 되어 가며 경식의 우울증은 점차 조울증으로 발전되었다.

나의 아내는 보통 약물치료 이후 대화가 가능해지면 피상담자에게 '육신'을 반복해서 설명한다. 일단 뇌의 화학적 밸런스가 깨어졌다고 판단되면 정신과 의사가 처방하는 약을 성실히 복용하도록 피상담자의 가족에게 주지시킨 뒤, 피상담자의 육신이 어떻게 형성되었고 그것이 어떠한 파괴적인 결과를 가져오는지 설명해 준다. 특히 문제의 뿌리가 부모의 불화에서 시작된 경우 온 가족이 서로 협력해야 치유의 속도가 빨라진다.

경식은 충동적으로 일을 저지르다가도 문제가 심각해지면 상담자인 내 아내에게 전화를 해서 현재까지 있었던 일을 있는 그대로 고백하며 도움을 청할 만큼 내 아내와 두터운 신뢰 관계를 형성했다. 그를 조울증에서 벗어나게 한 것은 적절한 약물치료 그리고 조건 없는 하나님의 용서와 사랑이었다. 십자가에서 피 흘리시고 죽으시기까지 그의 아픔을 지켜보며 애통해하신 하나님을 의지하여 다시 한 번 새롭게 시작하도록 환기시켰다. 넘어지더라도 끝까지 용서하시며 사랑하시는 하나님을 의지하고 또다시 일어서도록 거듭 반복했다. 만일 약물 복용만 했더라면 지금보다 더 많은 시간을 병원에서 보내지 않았을까 생각한다.

비록 시간은 걸렸지만 놀랍게도 그는 서서히 내면의 상처에 대해 이해하며 삶을 살아가는 방법을 배우기 시작했고, 공부하는 방법도 구체적으로 배워 잘 따라와 주었다. 마침내 경식은 좋은 성적으로 대학을 졸업했고 가정도 가졌다. 헌신하는 아내와 두 아이는 그로 하여금 자신을 더욱 돌아보게 하는 원군이 되었고, 그의 밝은 성격은 부친이 시작한 보험회사가 자리를 잡는 데 일조를 했다. 작년 휴가 때에 사십 대 가장이 된 그를 만났다. 여전히 조울의 감정 변화는 있지만 사전에 감정의 고저를 어느 정도 스스로 예견하여 조절이 잘되지 않을 때는 자원해서 입원하기도 하는 등 조울의 격차를 많이 줄여 가고 있었다. 하나님과의 교제를 두려워하지 않는 담대한 믿음과 헌신적인 아내의 내조 그리고 꾸준한 상담은 그에게 엄청난 변화를 가져왔다.

다음은 최근에 그가 보내온 이메일이다.

"하나님께서 저에게 큰 축복을 주신 것을 이제야 봅니다. 왜 여태 몰랐는지…. 하나님은 나를 참 사랑하시며, 나는 참으로 큰 축복을 받은 사람입니다. 시편 23편처럼 나를 부족함이 없게 하시고, 나를 쉬게 하시고, 나의 영혼을 소생시키시고, 내게 두려움이 없게 하시고, 잔치를 베풀어 주시고, 나를 귀한 손님으로 생각하십니다. 이 시편이 옛날 시편이 아니네요."

우리는 만날 때마다 은혜의 하나님에 대한 감사의 대화로 시간 가는 줄 모르고 친구처럼 대화를 즐긴다. 지난 20년간의 변화를 보면 격세지감이다. 하나님의 무조건적인 용서와 사랑이 조울증에도 여전히 역사하신다는 증거다.

우리 안에서 부단히 활동 중인 육신의 종류는 다양하다. 종속의존, 감정적 근친상간, 성과주의, 영적 폭행, 공황장애, 패시비티(passivity, 영적 소극성), 종교 중독 등은 불행히도 대부분 한국인의 삶을 전방위로 움직이는 근간이다. 작금에 화두가 되는 갑을 관계인 '수동-공격형'(passive-aggressive)도 종속의존 육신의 일종이다. 특히 지난 40년간 근대화의 부산물인 경제 성장의 중심에 확실하게 자리를 잡은 이 육신들은 한국을 움직이는 골격인 지연·학연·혈연과 엉켜서 배금주의를 유발하며 천민자본주의를 형성했다. 경쟁과 비교가 한국 사회를 움직이는 슬픈 동력이다. 청춘 남녀의 연애와 결혼에 있어 집이 강남이냐 강북이냐에 따라 그들의 앞날이 결정된다고 하니 참으로 육신의 영향이 대세다. 개인의 삶은 물론 국가의 질적 수준도 모두 육신의 무력화와 밀접한 관계가 있다.

종속의존 육신(Co-dependency) 종속의존적(co-dependent)이라는 말은 독립적-협력관계(inter-dependent)라는 말과 구분된다. 이는 살아가기 위해 누군가 또는 무언가를 의지해야 생존한다는 뜻이다. 불신의 전형적 형태다. 내가 타인의 삶에 개입하거나 타인이 나의 삶에 개입하는 것을 허락하는 건강치 못한 삶이다. 하나님이 계셔야 할 자리에 사람, 일, 술, 종교, 도박, 성, 관계, 음식, 완벽주의, 돌봄, 인터넷, SNS 등을 대치해서 그것에 의존하며 사는 것이 종속의존이다. 종속의존 육신은 스스로의 존재감을 지키기보다는 타인과의 관계에 자신의 삶을 맡기거나 조종한다.

성경에서 발견되는 종속의존성을 살펴보자. 하나님을 의존하면 사람의 눈을 의식하지 않고 자유로우며 종속의존성을 보이지 않는다. 성경 전편에는 종속의존성을 보여 주는 사례가 넘쳐 난다.

그 시작은 아담이다. 하나님과 분리되자마자 생긴 육신의 한 현상이 종속의존성이다. 벗었어도 부끄러워하지 않던(창 2:25) 아담이 죄를 범한 후 "하나님이 주셔서 나와 함께 있게 하신 여자 그가 그 나무 열매를 내게 주므로 내가 먹었나이다"(창 3:12)라고 말하는 대목은 심각한 종속의존성을 보여 준다.

주님은 첫 공중 설교에서 종속의존성을 경계하신다. 외식하는 행동을 금하시며, 남을 도울 때 오른손이 하는 것을 왼손이 모르게 하라고 권하셨고, 금식할 때 외인에게 보이지 않게 은밀히 하라 하셨으며, 높은 자리에 앉지 말라고 하셨고, 중언부언하는 기도를 하지 말라 하시며 골방에서 기도하라는 등의 가르침을 주셨다.

사울은 공중 앞에서 왕으로 선택을 받자 짐 보따리 뒤로 숨는다(삼상 10:22). 사울의 낮은 자존감은 현실을 감당하지 못하고 타인의 평가를 염려하는 전형적인 종속의존성이다.

하나님의 법궤가 돌아오는 것을 기뻐하며 하의가 벗어진 줄도 모르고 춤을 춘 다윗은 종속의존적인 인물이 아니다. 그러나 남편 다윗을 멸시한 사울의 딸 미갈(삼하 6:20)은 사람을 의식하는 아비 사울의 종속의존성(삼상 15:24)을 대물림했다.

베드로는 부활하신 주님으로부터 세 번이나 거듭된 질문을 받은 후, 비참하지만 찬란한 자신의 죽음에 대해 예언을 듣는다. 이에 베드로는 마음속의 앙금이 가라앉기도 전에 옆에 있는 요한은 어떤 죽음을 맞이할지에 대해 묻는다(요 21:21). 한 인생의 절체절명의 순간에 이러한 상대적인 질문이 나왔다는 사실은 베드로 또한 종속의존 육신을 가지고 있다는 방증이다.

아침에 온 이나 저녁 늦게 온 이에게 동일한 임금을 주는 사업주에게 불만을 표하는 일꾼도 종속의존성의 표본이다(마 20:12).

바울도 분명히 말한다. "각각 자기의 일을 살피라. 그리하면 자랑할 것이 자기에게는 있어도 남에게는 있지 아니하리니 각각 자기의 짐을 질 것이라"(갈 6:4-5) 내 짐을 감당한 후에 이웃의 짐에 대해서 협력하란다. 이것이 천국 백성의 독립적이고 협력적인 관계다. 종속의존적인 육신에서 벗어나지 않으면 어떠한 형태의 선행도 하나님과 무관하다.

모세가 종속의존 육신 때문에 가나안에 들어가지 못한 것은 여호수아의 독립적-협력성과 대조된다. 모세가 가데스에서 물을 내기 위해서 바위에게 명하지 않고 막대기로 치는 장면이 민수기 20장에 나온다. 모세는 지난 30여 년에 걸쳐 들어 온 백성들의 불평을 또 들어야 했다. 위기다. 한계에 다다른 무결점 모세의 숨은 육신이 드러나는 순간이다. 이 물 사건은 십계명 돌판 사건과는 달리 모세 자신의 육신에 의한 사건이었기에 하나님께서는 모세가 자신의 육신을 철저히 대면하도록 하셨다. 거룩함을 나타낼 결정적인 순간에 모세는 자신의 육신인 종속의존성을 드러낸 것이다. 그러나 여호수아는 달랐다.

> 만일 여호와를 섬기는 것이 너희에게 좋지 않게 보이거든 너희 조
> 상들이 강 저쪽에서 섬기던 신들이든지 또는 너희가 거주하는 땅
> 에 있는 아모리 족속의 신들이든지 너희가 섬길 자를 오늘 택하라
> 오직 나와 내 집은 여호와를 섬기겠노라 하니(수 24:15).

여호수아는 오래도록 동고동락한 백성들의 의견에 귀를 기울였고, 다른 길을 가기 원하는 그들의 의견까지도 존중했다. 3,000년 전에 이토록 철저히 독립적-협력적인 영성이 있었다는 점이 참으로 놀랍다.

모세의 물 사건을 보며 여호수아는 육신과는 무관한 거침없는 신위적 믿음의 세계를 보았을 것이다. 주인의 실수를 통해서 기막힌 영의 세계를 본 여호수아의 행동은 결코 인간 승리가 아니라 하나님

의 거룩하심에 의한 것이다. 이 세계는 능력이나 재주나 훈련이나 어떠한 육신으로도 경험할 수 없는 세계다. 만일 영혼의 밤을 겪는 모세의 모습을 목격하지 않았다면 과연 여호수아가 이러한 영성을 가질 수 있었을까? 이 질문에 대한 답은 우리 지혜로는 알 수 없으나, 결코 모세의 삶을 떠나서는 여호수아의 영성을 이야기할 수 없을 것이다.

종속의존 육신은 수직적인 문화의 영향으로 거의 대부분의 한국인이 가지고 있는 가장 흔한 육신이다. 이는 태아로부터 유아기를 거치면서 가족 관계에서 대부분 형성된다. 모든 인간은 필요를 지닌 채 태어난다. 외적 필요가 의식주라면 내적 필요는 사랑, 소속감, 존재 가치 등이다. 가장 중요한 내적 필요는 조건 없는 사랑이다. 그런데 이 세상에서는 그런 무조건적인 사랑을 줄 수 있는 사람이 없다.

하나님은 인간을 의존형으로 만드셨다. **하나님을 의존하면 인간으로부터는 독립적으로 살 수 있다.** 그러나 우리는 하나님을 모르고 태어나 부모를 의지해야만 하는 상황에서 생존을 시작한다. 아이는 태어나 대소변을 가리지 못하며, 배가 고프면 우유를 주기 전까지 목청이 터지도록 울어 대며 부모에게 조건 없는 사랑을 요구한다. 부모는 본능적으로 자식에 대한 애착을 가지고 나름대로 사랑하지만 조건 없는 사랑은 줄 수 없다. 부모 또한 조건 없는 사랑이 필요한 존재이기 때문이다.

지섭의 모친은 젊어 혼자되셨다. 전쟁 통에 모친이 시장에서 생선을 팔아 생계를 꾸려 가시는 동안 지섭은 어린 나이에도 여섯 명의 동생을 챙겨 주어야 겨우 연명할 수 있었기에 일찍이 애어른이 되었다. 고생하는 모친의 아픔에 민감하게 반응하며 사려 깊고 효성이 지극한 청년으로 성장했다. 지섭에게 자신의 정체성을 갖는 것은 호사스러운 일이었다. 그는 돌아가신 부친의 커다란 신발을 신고 살면서 어느덧 생존의 달인이 되었다. 효심이 소문난 그는 자수성가하여 다소곳한 아가씨와 결혼했다. 장가를 가서도 아내나 자식보다는 모친의 필요를 충족하는 데 급급했기에 아내와 자식에게는 소홀할 수밖에 없었다. 아내는 늘 소통되지 않는 부부 관계에서 소외감, 외로움, 분노 그리고 죄책감에 시달리다가 급기야 우울증에 빠졌다. 자녀들은 부모로부터 버림받은 느낌을 받았으며 친구의 유혹에 학교를 빠지고 탈선하게 되었다. 늘 자신보다는 타인을 우선순위로 여기며 온 가족의 생존에 매진해 온 지섭은 우울증 환자가 된 아내와 탈선하여 반항하는 자식을 보며 혼란과 실망을 안고 상담실을 찾아왔다. 그는 과부인 모친과 자신의 삶을 분리하지 못한 채 독립적이지 않은 상태에서 가정을 꾸렸기에 아내와 자식에게 상처를 주고 본인 또한 상처받는 결과를 초래했다.

하나님께서는 피조물에게 최선의 삶을 살도록 경계(境界)를 정해 주셨다.

그의 날을 정하셨고 그의 달 수도 주께 있으므로 그의 규례를 정하여 넘어가지 못하게 하셨사온즉(욥 14:5).

수명의 경계, 거주의 경계, 직업의 경계, 물질의 경계 특히 관계의 경계 등은 우리의 삶 전반에 스며 있는 하나님의 질서다. 이 중 가장 중요한 것은 '하나님과 인간과의 경계'다. 만일 약한 자가 하나님을 의지하지 않고 강한 자를 의지하면 강한 자는 하나님과 인간의 경계를 침범하게 되어 하나님의 몫을 감당하는 셈이 된다. 강자는 약자의 우상이 되고 약자를 돕는 것에 대한 자부심과 존재 가치와 능력을 맛보고는 강한 자리와 권위에 중독이 된다. 강자는 자신을 의지하는 약자가 없으면 허탈하고 삶의 의미를 잃어버리기에 진정한 강자로 볼 수 없다. 이런 유의 종속의존성을 상담자에게서도 쉽게 발견할 수 있다. 하나님보다 상담에 삶의 의미와 존재 가치를 느끼면 이 함정에 빠지기 쉽다. 자원봉사나 선교나 목회나 선행도 마찬가지로 이 함정이 도처에 도사리고 있다. 지난 30년간의 폭발적인 복음주의의 팽창과 쇠락의 굴곡 가운데 이러한 함정에 빠진 목회자나 사역자를 발견하기가 어렵지 않은 것이 한국 교회의 현실이다.

> 제시카는 집 뒷마당에서 놀다가 직경 20센티미터 되는 폐 유정(석유갱)에 빠져서 무려 57일간 갇혀 있다가 기적적으로 구조된 18개월 된 어린아이다. 그때 그녀를 구출해 품에 안은 소방관의 얼굴이 신문 1면에 실렸다.
> "전에도 사람들의 목숨을 건져 준 경험이 있지만 이번처럼 진한 감동을 느껴 본 적은 결코 없습니다."
> 호리호리한 체구의 소방관은 유정관 옆의 암반을 평행하게 뚫고 들어가 좁은 폐 유정관 속에 거꾸로 갇혀 있던 제시카를 발견하고는 삼발이와 윤활유를 사용해서 한 시간여의 사투 끝에 제시카를 구출해 냈다. 마치 산부인과 의사가 아이를 받아 내듯이 조심스럽고도 신중하게 진행된 구조 작업이었다. 이 사건 후 그는 오프라 윈프리 쇼에 출연했고 당시 부통령이었던 부시를 접견했다. 한동안 그는 '영웅'으로 회자되었는데, 그에 대한 사회적 관심이 식어

갈 무렵 어릴 때부터 가끔 앓아 왔던 편두통이 극심해져 약에 의존하기 시작했고 부인과도 이혼을 했다. 타인에게 도움을 주지 못하는 삶은 그에게 무의미했으므로 그는 점점 우울해져 갔다. 결국 그는 8년 후 스스로 엽총을 쏘아 목숨을 끊었다. 영웅이 된 그는 타인을 도와줌으로 삶의 존재 가치를 느끼는 종속의존 육신에 매여 있었다. 영웅의 삶은 일시적이지 결코 오래 지속될 수가 없다. 그렇게 얻어지는 존재 가치는 쉽게 중독이 된다. 타인을 도울 임무가 없어지면 자신을 아무런 존재 가치 없는 인간으로 만들어 우울의 늪에서 헤어나지 못한다.

하나님께서는 우리에게 자유의지도 주셨지만 그와 동시에 각자가 경계를 지키도록 명하신다. 누군가를 도와주고 또 누군가로부터 도움을 받는 과정에서 마음의 부담을 가지거나 도움을 받는 자가 섭섭한 마음을 가지면 이미 경계를 넘어선 것이다. 사랑의 빚 외에 하나님께서 짊어지게 하신 빚은 없다. 사랑의 빚은 조건 없이 받고 주어야 한다. 하나님께서 우리에게 부여하신 경계는 표면적으로는 우리의 자유를 속박하는 것처럼 비쳐진다. 창조주와의 경계 질서는 우리로 하여금 종속의존으로부터 자유롭고도 건강하게 공존할 수 있도록 우리를 보호하시는 하나님의 지혜다.

온전한 가정에서는 부모가 자식을 사랑하고 보호한다. 그러나 상처가 많은 부모일 경우, 오히려 자녀가 부모의 필요를 채워야 하는 무거운 책임을 짊어지게 된다. 자녀가 부모의 필요를 충족해 주는 역기능 가정에서 성장하게 되는 것이다. 종속의존 관계에 있는 사람은 다른 사람에 의해 인생의 행불행이 좌우된다. 정체성의 부재 상태로 다른 사람들에 의해 조종되고 지배받는 한편 자신 또한 다른 사람을 조종하고 지배한다. 자신의 필요를 채우기 위해 지배하고 조종하며, 그 필요가 채워지지 않으면 분노하거나 애증 관계로 이어지게 된다.

종속의존적인 육신에서 놓여나기 힘든 이유는 이 육신이 재물을 가지게도 하고 성공을 쌓게도 하기 때문이다. 핵가족 시대인 요즈음은 보기 드문 일이지만, 예전에는 집안의 똑똑한 아이 하나 때문에 나머지 형제자매들이 진학의 기회를 '포기당하는' 일이 많았다. 이런 경우 똑똑한 아이도 그리고 그 나머지 자녀들도 다 상처를 입는다. 겉으로는 동기 간에 사이좋은 모습으로 비칠지 모르나 그들의 내면은 복잡하다. 똑똑한 아이는 결혼 후에도 가족들에 대한 의무감과 죄책감에 시달린다.

종속의존성 육신은 환경에 따라 기막힌 변신을 한다. 한국은 부모 위주의 효(孝) 중심으로 가정과 사회가 유지되어 왔다. 그러나 요즈음은 자신을 포기하고 희생하며 살아온 부모 세대가 그 삶이 대물림되지 않도록 자녀들을 과보호하는 경향이 짙다. 시계추가 역스윙하는 현상이다. 자녀의 성공을 위해 기러기 아빠를 자처하는 가장이 등장한 것도 이 육신 때문이다. 자녀 교육 때문에 부부가 별거를 해도 합리화되는 사회다.

이 육신이 활동하면 하나님은 이 육신을 만족시키는 데 필요한 우상이 된다. 대부분의 한국 사람은 부지불식간에 다른 사람의 행동이 자신에게 충동적인 영향을 주고 또 그러한 관계를 피할 경우 도태될 가능성이 다분하기에 이 육신의 수렁에 자신을 맡겨 버린다. 내가 누구를 의지하든지 누군가가 나를 의지하게 하는 관계를 형성한다. 대표적인 예로 "우리가 남이가" 또는 "갑을 관계"라는 말이 있다.

이 육신은 삶 전반에서 우리를 지배한다. 심지어 선행도 목회도 상담도 이 육신에 조종을 받을 수가 있다. 바울의 고백 "내가 내 몸을 쳐 복종하게 함은 내가 남에게 전파한 후에 자신이 도리어 버림을 당할까 두려워함이로다"(고전 9:27)는 나를 먼저 구하고 남을 구하라는 직선적인 표현이기보다는 어떠한 사역에 참여하든지 종속의존적이 되지 않겠다는 고백이다.

초혜 씨의 고집스럽던 남편이 마침내 교회 출석을 하고 믿음이 생겨나기 시작했다. 초혜 씨는 목사님과 목장 식구에 대해 감사함이 넘친다. 음주 가무와 외도로 허송세월을 보내던 남편이 적극적으로 목장 모임에 참석하고부터 가정 분위기 또한 달라졌다. 아비의 불편한 행동으로 방황하던 중학생 딸도 청소년 모임에서 간증을 하고, 소극적이던 성격 또한 적극적으로 바뀌었다. 초혜 씨에게 이 교회는 그녀의 삶 전반을 만족시키는 장소가 되었고, 그녀의 판단 기준은 이제 이 교회 출석 여부에 달렸다. 목장이 삶의 중심으로 옮겨졌고, 교회가 이 가정의 중심축이 되었다. 그녀는 휴가 가는 일조차 민망해하고 이사를 간다거나 다른 교회에서 예배를 드리는 것은 감히 상상도 하지 못한다. 교회를 떠나면 불안하고 자신의 신앙을 지키지 못할 것 같아서다.

한국 개신교가 정점을 찍었던 1994년 강남의 한 주부로 살아가던 초혜 씨는 20여 년이 흐르고 난 후에 존경하던 목사님의 소천과 후임 목사의 비상식적인 행동으로 심히 마음고생을 했다. 남편 또한 열심인 태도에 변화가 찾아와 교회에 대한 비판에 열을 올렸으며, 아직 미혼인 딸은 혼인 문제로 방황을 한다.

그녀는 전형적인 한국 복음주의 신자다. 삶의 중심이 주님보다는 교회에 맞춰지고, 거룩함보다는 전도나 부흥이 믿음의 표상으로 자리 잡았던 지난날 한국 개신교의 부침(浮沈)을 초혜 씨의 삶이 여실히 보여 주고 있다. 이는 곧 종속의존 육신의 활동이다. 주님을 의지해야 하는 자리에 교회가 있고 하나님 한 분만으로 자유를 누리기보다는 눈에 띄는 교회 사역과 훈련 프로그램에 자신을 맡긴 경우다. 교회의 지체는 독립적이지만 서로간의 유대를 형성하는 공동체로서 독립적-협력적 관계를 지켜 가야 마땅한데, 이를 종속의존 육신이 대신한 경우다.

교회 공동체 내에도 종속의존성이 작용한다. 신앙생활을 시작하면 인간관계 범위가 넓어지면서 차츰 공동체의 필요성을 느낀다. 교회가 유기적 공동체가 되면 신뢰 관계 안에서 죄를 오픈할 수 있고, 그리스도의 사랑 안에서 그 죄를 지적할 때 하나님과의 관계 회복에 있어 중요한 구심점 역할을 한다. 신자가 독립적으로 신앙생활하면서 교회 공동체를 통해 건강한 믿음의 성장을 경험해야 하는데, 지나치게 공동체를 의존하면 종속의존적인 육신이 뿌리를 내린다. 공동체가 아무리 경건한 의도로 시작해도, 특히 인도자가 성령님의 인도하심과 지적에 민감하지 않으면 종속의존적인 육신의 세계로 빠져드는 것은 시간문제다. 공동체가 역동적일수록 이 육신은 더욱 기승을 부린다. 공동체가 종속의존적인 육신에 의해서 움직이기 시작하면 개개인에게 영혼의 밤이 찾아오고, 이 영혼의 밤은 영적 폭행, 종교 중독 그리고 영적 소진으로 진행될 가능성이 다분하다. 종속의존적 육신으로 인한 교회 내의 갈등은 너무나 흔한 사례다.

한편 종속의존 육신 가운데 '감정적인 근친상간'(emotional incest)

이 있다. 이는 감정적 폭행이다. 부적절한 성적 관계가 아니라 부적절한 감정적 관계를 의미한다. 대표적으로는 부부관계에서만 일어나야 하는 감정적인 관계가 자식과 형성된 경우다. 독자에게는 이 단어가 불편할 것이다. 부모가 자신의 감정적인 필요를 배우자보다는 자식과의 교감에서 찾을 때다. 미성숙한 자식이 감정적으로 부모를 위로하거나 도와주는 역할을 하는 것을 말하는데 부모와 자식의 위치가 뒤바뀐 것을 뜻한다.

할아버지 할머니에게 정성이 집중되는 취약점을 비집고 들어온 것이 자녀와의 비정상적인 관계 형성이다. 한국에서는 모자지간, 미국에서는 부녀간 관계가 그러하다. 역할이 뒤바뀌게 되면 아이는 조숙해지고 자신의 필요보다는 부모의 필요에 민감해지고 자신의 정체성을 세울 기회를 잃게 된다. 어른이 되어도 자신의 필요에는 둔감하고 타인과 밀접한 관계를 형성하기 어렵다. 하나님과의 관계에서도 주님을 의지하고 위로 받기보다는 주님을 위해서 헌신적으로 일하지 않으면 죄책감을 가지며 좀처럼 쉬지 못한다. 부모와 아이의 경계(境界)가 무너진 경우다.

이 육신은 자녀가 결혼을 하면 본격적으로 며느리나 사위와의 갈등으로 이어진다. 부모는 자식을 상실하는 듯한 불안감에 사로잡히고, 자녀는 부모를 버리는 듯한 죄책감에 사로잡히고, 며느리나 사위는 버림받는 듯한 느낌으로 분노와 우울증에 사로잡히게 된다.

> 67세 혜숙 씨는 종속의존 육신으로 성장했다. 그녀가 감정적 근친상간의 육신을 가진 남편을 만나 그 육신이 대물림되는 현장에서 통증을 겪다가 비로소 육신의 덫에서 벗어나는 과정을 경험한 상담 케이스다.
>
> 혜숙 씨의 모친은 자신이 어린 시절 겪은 어려움을 혜숙 씨가 동일

하게 겪지 않도록 심혈을 기울여 양육했다. 옷과 머리 스타일은 엄마가 정해 주는 것만 했다. 독립적인 정체성이 온전히 생길 여유가 없었다. 그녀는 멋지게 옷을 입어 엄마와 남들로부터 칭찬받을 때 존재 가치를 느꼈다. 대학에선 매년 퀸으로 뽑혀 미모와 인기로 엄마에게 만족을 주는 보람된 자식이었다. 또한 그녀는 CCC를 통해 예수님을 영접한 후 교회 사역에 열심히 임했고 사람들에게 모범생으로 인정을 받았다.

그러나 35년이 지난 지금은 결혼 이후 쌓아 온 스트레스에 우울증을 앓고 있다. 친정과는 정반대인 시댁 분위기가 그녀에겐 지금도 익숙하지 않다. 조울증을 앓다 오십 대 초반에 돌아가신 시아버지의 분노의 잔소리는 온 집안을 불안하게 했으며 듬직한 아들을 몹시 의지(감정적 근친관계)하는 시어머니로 인해 그녀가 설 아내의 자리는 없었다.

그런데 심각한 문제는 시어머니가 아니라 딸이었다. 남편과 딸은 그녀를 빼고 모든 일을 의논했으며, 딸이 그녀를 공격할 때 남편은 그냥 방관했다. 사춘기를 지나는 딸이 그녀에게서 받지 못한 사랑 때문에 분노를 품고 상담을 받았으나 별 도움이 되지 않았다고 했다. 딸은 아빠와는 종일 재잘거리며 서로를 챙기면서도 엄마인 그녀에게는 소홀했다. 혜숙 씨는 외톨이가 된 느낌에 분노를 삭혀 가며 숨 막히는 현실에 눈물을 글썽였다.

"한나! 나는 인격적으로 준비가 되어 있지 않은 상태에 결혼을 해서 딸에게 충분한 사랑을 못 줬습니다. 뒤늦게 인정하고 용서를 빌었지만 여전히 관계가 냉랭합니다. 남편은 중재는커녕 둘이 알콩달콩하기만 해요. 그 모습을 보면 남편에 대한 원망이 가득합니다."

남편의 감정적 근친상간이 딸에게 대물림되었고, 그것이 그녀의 종속의존적 육신과 작용을 일으키고 있었다. 다음 시간, 종속의존적 관계에 대해 조목조목 설명해 주었다.

"이 문제를 통해 하나님을 바라보고 의존하면 당신의 감정적 필요를 주님께서 채워 주시기에 종속의존 관계에서 벗어나고 당신을 지으신 그 고유의 모습을 찾게 됩니다. 비록 남편과 시어머님 관계나 남편과 딸의 부적절한 관계가 풀리지 않더라도 당신은 주님 안에서 자유로워지고 주님에게서 받는 그 사랑으로 남편과 딸을 진심으로 사랑할 수 있게 됩니다."

영혼의 밤에 그녀 가정에 일어난 원치 않은 부적절한 문제가 하나님과의 접점임을 알게 되자 혜숙은 이전과는 다른 하나님을 알아 가며 마음이 조금씩 움직이기 시작했다. 그녀는 상담 때마다 묵상한 말씀을 나누었고, 자신의 종속의존 육신과 참모습을 알아 가기 시작했다. 어느 날 그녀는 화사한 표정으로 이렇게 이야기했다.

"한나, 희망이 조금씩 보이는 것 같아요. 어제는 혼자 소소하게 나만의 시간을 가지며 좋아하는 차 한 잔을 마셨어요. 여유로운 마음으로 나 자신을 대하는 것이 이렇게 좋은 줄 몰랐답니다. 그동안 나는 남의 기준에 맞춰서 사느라 늘 우울했어요. 이젠 그런 겉치장을 주님 앞에 버리고 어린아이처럼 주님 안에서 나의 내면을 바라보며 조금씩 자신을 찾아가야겠다고 생각하니 기쁨이 차오릅니다."

그날 상담을 끝내며 그녀는 남편을 진심으로 사랑할 수 있게 해달라고 기도했고, 그녀와 나의 아내는 서로 얼싸안고 하나님의 이름을 더욱 높였다. 혜숙은 67년 만에 집요한 종속의존 육신의 덫에서 빠져나오기 시작했다.

종속의존(감정적 근친상간) 육신을 해체하려면 어떻게 해야 할까? 다음 구절은 하나님께서 그어 놓으신 경계에 대한 결정판으로서 어떻게 감정적 근친상간의 육신을 제압하는지를 밝힌다.

　　　이러므로 남자가 부모를 떠나 그 아내와 연합하여 둘이 한 몸을 이룰지니라(창 2:24).

　결혼을 하면 철저히 부모를 떠나야 한다. 하나님께서도 아담과 하와의 고유 영역을 존중해 주셨다. **부모와 자식의 정을 끊고 베어 내고 피 흘리고 통증을 고스란히 느끼는 과정이 필요하다.** 태아를 살렸던 탯줄도 세상에 나오면 잘라내야 한다. 그 생명줄을 자르지 않으면 사망줄이 된다. **모든 일에는 시간이 정해져 있다. 아무리 소중하고 귀한 통로라도 시간이 되면 미련 없이 버리는 결단이 믿음의 세계에는 필요하다.** 아이가 스스로 탯줄을 자를 수는 없지만 영적인 탯줄은 스스로 잘라야 한다. 자르면 극심한 통증이 온다. 십자가의 죽음이다.

　아래 질문을 토대로 자신의 내면을 점검해 보자. 그리고 그 추함을 대면함으로써 하나님의 임재를 경험해 보자. 만일 다음 질문에 해당될 경우, 육신에 지배당한다는 뜻이며 또한 하나님의 초대를 받은 것이다. 초대에 적극적으로 응하면 신위적인 믿음의 세계를 경험할 수 있다.

　　　○ 무언가를 결정할 때 우유부단하다.
　　　○ 나에게는 자랑할 만한 장점이 없다.
　　　○ 나만의 느낌을 표현하는 것이 어렵다.
　　　○ 누군가에게 도움을 청하는 것을 꺼린다.

○ 외부 환경에 의해 자존감이 큰 영향을 받는다.

○ 기쁨, 슬픔, 분노 등의 감정을 잘 느낄 수 없다.

○ 누군가와 친밀한 관계를 형성하는 것이 어렵다.

○ 타인에게 거부당하거나 상처 입을까 두렵다.

○ 타인의 필요나 바람을 우선시하는 편이다.

○ 타인의 행동이나 태도에 쉽게 좌우지된다.

○ 타인과 관계 맺기 위해 나의 필요를 부풀리는 경향이 있다.

○ 타인의 의견을 받아들이느라 나의 가치를 무시하는 경향이 있다.

○ 나는 타인의 기준에 의해 말하거나 생각하거나 행동하는 편이다.

○ 타인이 나에 대해 어떻게 생각하고 행동하는지에 민감히 반응한다.

○ 내가 느끼는 감정이 타인에게 어떤 영향을 줄지 두렵다.

○ 나는 완벽주의자이며 나 자신과 타인에 대한 기대치가 높다.

○ 나는 타인에게 나의 문제점이나 느낌을 말하는 것이 어렵다.

○ 나는 손해를 보거나 정당화되지 않을 경우에도 충성심을 보인다.

성과주의 육신 (Performance based acceptance)　좋은 성과를 내기 위해 올인(all in)하는 풍조가 사회 전반에 만연된 지도 한 세대가 넘었다.

　　1995년경 런던의 어느 한인 교회에서 만난 목사님이 한 가지 고민을 털어놓았다. 유학생과 주재원이 많이 출석하는 이 한인교회는 영국 교회당을 빌려 예배를 드렸다. 그런데 어느 날 교회 안에서 뛰어놀던 아이들이 잘 진열된 비싼 골동품 하나를 깨고 말았다. 아이들에게 왜 주의를 주지 않느냐고 묻자 만일 주의를 주면 다음 주부터 그 가족은 아예 교회 출입을 않는단다. 특히 젊은 엄마들은 자녀 기를 죽이지 않으려 야단을 치지 않는다고 한다. 그때의 아이들이 이제 삼십 대가 되었고 그 엄마들은 이제 오십 대 초반에 접어들었다. 그들은 현재의 한국 가정을 주도하는 그룹이다. 위험하다.

아이들이 제대로 방향 감각을 갖도록 교육해야 할 시기에 오히려 경계를 무너지게 하는 것이 '강남 엄마들'이다. 강남 엄마들은 성공을 위해서는 대가 센 자식이 필요하다는 판단으로 성공에 올인한다. 강남 엄마들은 하나님께서 원하시고 계획하신 가정을 세우기보다는 성공을 위해 하나님을 필요로 하며, 야곱의 서원 기도(창 28:20)와 야베스의 기도(대상 4:10)에 적극 공감한다. 강남 엄마들은 자녀가 취학 연령에 접어들면 조건 없는 사랑과 용납을 주기보다는 성공을 주된 관심사로 삼는다.

집안의 모든 의사 결정은 이제 강남 엄마들의 전유물이다. 가부장적인 가정에서 자란 베이비부머(baby boom generation) 강남 엄마들의 대반격이 지난 30년 동안 한국에서 벌어지고 있다. 그녀들은 일단 강남의 모든 부동산을 점령하여 경쟁력을 확보했고, 심지어 지난 한 세기를 정교하게 쌓아 온 아이비리그 입학 사정관들의 입시전략을 한방에 제압했다. 그들은 두려운 것이 없는 무적의 아르마다 함대다. 작금에 흔히 일어나는 삼십 대의 이혼에 오십 대 장모의 역할이 지대한 것도 성과주의 육신으로 무장한 어미의 작품이다. 성과주의 육신으로 무장하고는 전 세계를 휘저으며 알렉산더 대왕처럼 통곡을 하는 이유가 "세상은 좁고 할 일도 별로 없다"다.

지난 세기에서는 "실패는 성공의 어머니", "성공의 크기는 상상의 크기에 비례"라는 직설적인 표현이 대세였지만, 21세기는 교묘한 세태이기에 경영학에서는 성공이 거의 공공의 적이 되었다. "성공처럼 실패하는 것은 없다"(제랄드 니크만)라든가 니콜라스 네그로폰테 MIT 교수의 "성공은 혁신의 가장 큰 적"이라는 명제만 봐도 알 수 있다. 성공을 위해서 실패를 어떻게 이용하는가가 주안점이다. 이제는 실패든 성공이든 어느 것도 쉽지 않은 성과주의 세상이다. 도무지 쉴 수 없다. 그나마 쉬는 것도 성공하기 위함이다. 이런 말 뒤에 변함없이 존재하는 것이 바로 '성과주의 육신'이다.

작금의 한국은 불행하게도 성과주의 육신에 의한 폐해로 '자살 공화국'이 되었다. 2009년 한 해 동안 15,413명이 자살했다. 특히 청년 자살이 최근 급격히 늘어나 경제협력개발기구(OECD) 국가 중 자살률 1위를 기록했다. 성과주의 육신으로 인한 경쟁과 상대적 박탈감 등으로 젊은이들은 절망으로 내몰리고 거의 매해 20퍼센트 정도의 자살률 성장세를 보이는 기가 막힌 세태다. 한국은 지금 전통적인 가치관이 붕괴된 대신에 성과가 없으면 존재 이유가 퇴색되는 성과주의 정체성으로 굳어진 사회다. 성과는 노력의 부산물이 되어야 하는데, 이제는 성과가 인생을 좌지우지하는 주객이 전도된 사회다.

만일 성과주의를 부정하면 산속으로 들어가야 할 정도이고, 세상풍조를 좇지 않고 자신의 길을 가는 이는 기인 취급을 받는 세대다. 성과주의가 우리에게 윽박지를 수 있는 이유는 무엇일까. 성과주의 육신이 주는 편리와 자유와 성취감에 스스로 세상을 조종할 수 있어 보이기 때문이다. 결과가 좋으니까 하나님도 눈감아 주신다는 것은 오산이다. 성과주의는 입시 지옥을 겪은 대부분의 한국인에게는 가장 보편적인 육신이다.

특히 끊임없이 단순 평가로 비교·검토되는 직업은 그 후유증이 심각해서 우리로 성과주의에 종노릇하게 한다. 가장 심한 직업군은 운동선수, 음악인 그리고 기업가다. 경기가 시작되면 실시간으로 승자와 패자를 빠르고 단순하게 가른다. 엄청난 부신 호르몬이 분비되는 삶이다. 예술가들의 삶 중에 특히 성악이나 기악을 하는 이들에게는 삶 전면에 성과라는 단어가 항상 따라다니고, 직업 특성상 끊임없이 비교되는 경쟁 구도 속에 살아간다. 성과주의가 가장 극명한 곳이 기업의 분기별 실적 발표 날이다. 어떠한 핑계나 변명도 소용없다. 나의 성과를 가장 쉽고 정확하고 빠르게 수치화해서 발표한다. 현대인에게는 성과주의의 독재를 빠져나갈 별 뾰족한 방법이 없어 보인다.

다음 질문 중에 다섯 가지 이상 '예'라고 대답하면 심각한 성과주의 육신에 사로잡혀 있다는 방증이다(《USA투데이》 참고).

- 자녀가 또래보다 성과가 좋지 못하면 불안하다.
- 자녀의 특별활동에 참여하기 위해서 내가 원하는 활동이나 시간을 희생한다.
- 자녀 중심으로 의미 있는 시간을 보내야 한다는 강박관념을 느낀다.
- 자녀의 선생님의 인격보다는 교과 과정에 더 신경이 쓰인다.
- 자녀가 원하는 학교에 입학하거나 프로그램에 참여하지 못하면 실패자라는 느낌이 든다.
- 자녀가 스스로 활동이나 재료를 선택하기보다는 내가 꾸준히 대신해 준다.
- 자녀가 흥미를 잃은 일에도 계속해서 관심을 가져야 된다고 윽박지른다.
- 자녀가 새로운 것에 도전하지 않으면 불안하다.
- 자녀가 공부에 집중하지 못하면 참을 수 없다.
- 자녀가 일이나 성과에 집중하기보다는 내 눈치를 더 많이 본다.

- 자녀가 내가 원하는 해답을 가지고 오는 것에만 관심이 있고 그 과정에는 관심이 없다.
- 자녀가 친구 사귀는 것이 학업 성취보다 덜 중요하다고 생각한다.
- 전문가에게 배운 자녀 양육법을 다른 사람과 상의하지 않고 곧 실천에 옮긴다.
- 전문가에게서 자녀 양육법을 배운 대로 실천하되 그 출처에 대해서는 관심이 없다.
- 자녀가 성취하거나 목표를 달성하기 전까지는 사랑을 표현하지 않는다.
- 자녀가 배우기는 하는데 흥미를 잃어버린 것 같다.
- 자녀의 성공을 위해서 장래 계획을 수립하고 있다.
- 자녀가 종종 나의 기대치에 미치지 못한다.
- 자녀의 성취를 당연하게 받아들이고 긍정적 반응을 보이지 않는다.
- 자녀가 흥미로운 일에 빠질까 봐 두려워하거나 불안해한다.
- 자녀가 즉시 어떤 일을 소화하지 못하면 좌절하거나 화를 낸다.
- 자녀가 하루 종일 아무 일도 하지 않고 빈둥대면 화가 난다.
- 자녀의 장래 결정에 대해 나의 생각보다는 전문가의 의견에 비중을 둔다.

'신앙'이라는 현실로 돌아오면 어떤가? 교회도 신자도 명예와 돈과 권력 아래 '선한 영향력'이라는 매력적인 단어에 속아 넘어가기 십상이다. 지난 30년 동안 불어온 자기계발서 열풍과 한국 개신교의 번영 복음과 별반 차이가 없다. 이제 '긍정적'이라는 단어는 비 오는 날

빗물처럼 흔해졌지만 번영 복음의 내면은 여전히 가뭄인 이율배반적인 현실이다. 번영 복음을 실천하는 데 가장 중요한 덕목은 성과를 내기 위해 하나님이라는 우상이 필요하다는 점이다. 성과가 없는 신자들은 이러한 교회에서 또다시 거부당하고 발붙일 수가 없다. 성과주의 교회는 이런 신자들에게 부담을 느껴 포용하지 못한다.

복음만으로도 한 인생이 충분하다는 결론을 낼 수 없으면 잉여인간이 여전히 존재하게 된다. 그런데 **복음 안에는 잉여인간이 없다.** 하나님은 인생을 지으신 것을 한탄(창 6:6)하셨고 인생 안에는 도무지 쓸만한 것이 없다는 결론을 내리셨지만, 그럼에도 인생이 아름다운 이유는 복음으로 인생은 충분하기 때문이다.

성과주의는 '행위로 구원을 받는다'는 말과 동일하며 성과가 우상이 되었음을 뜻한다. 성과가 없는 사람은 잉여인간의 자리에 서야만 한다. 종속의존적 육신에서 파생된 것이 성과주의 육신이다. 결과가 곧 존재 이유이고, 결과가 좋지 않으면 그 존재 이유가 없어진다. 이 성과주의 육신은 이제 한국 사회의 어느 곳을 살펴보든 그 한복판에 좌정하고 있다.

어느덧 이 세상에서 무엇을 얼마나 이루어 내는가가 교회의 존재 이유 혹은 교회 출석의 목적이 되어 버렸다. 출석 교인 수에 목을 매며, 성과를 내기 위한 기도가 주를 이룬다. 이제는 경제 양극화가 물량주의 그리고 성과주의와 짝을 이루어 이 사회를 도도히 지배하고 있다.

입시 지옥이라는 줄 세우기에 단련되었고, 입시 지옥을 통과한 허다한 한국인들은 바로 이 성과주의 육신의 함정에 빠져 있고, 결과 지향적인 사회에 잘 길들여져 있다. 자신 또는 누군가가 세워 놓은 어떤 기준에 맞추기 위해서 오늘도 부단히 자신을 채찍질한다. 이 기준에 맞아야 비로소 기분이 좋아지고 살맛이 나는 혹독한 육신이다. 그 결과 한국을 지배하는 문화는 갑을 관계다. 갑이 되면 을을 인간으로 취급하지 않고 을이 되면 스스로 인간 됨을 포기한다.

　이 육신에 익숙한 이들은 교회로 들어와도 변함없이 동일한 메커니즘을 답습하고 누군가가 세운 기준치를 만족시키려고 율법주의로 빠져든다. 그들에게는 하나님도 목표 달성을 강요하는 혹은 달성케 해주기 위해 존재하는 우상 그 이상은 아니다. 교회가 부흥하기 위해서는 먼저 일을 저질러도 무방하고 투기와 분쟁으로 그리스도를 전해도 무방하다(빌 1:15). 이런 교회는 성과주의로 도배가 되어서 더 이상 신위적인 믿음의 세계가 부질없는 탁상공론이 되어 버린다.

　한 소그룹의 성경 공부 시간을 들여다보자. 열심히 성경 공부를 준비했고 모든 반원들이 감동했고 하나님의 임재하심을 기뻐했다. 그 다음 주에는 그 전보다 더 많은 시간을 할애해서 성경 공부를 준비했다. 그러나 확연히 결과가 좋지 않았다. 준비한 정보도 빠지고 전개도 매끄럽지 못하고 반응도 시원치 않았으며 여러모로 부족함 투성이었다. 가까운 믿음의 친구에게 그날의 성경 공부에 대해 말하자 그가 의미심장하게 대꾸한다.

　"그러면 지난주에는 하나님께서 함께하셨고 이번 주에는 함께하지 않으셨다는 말인가? 아니면 지난 주에는 자네 재주로 했고 이번 주에는 자네 재주로 하지 않았다는 말인가?"

　정확하게 핵심을 지적하는 말이다. 이는 내가 지니고 있는 성과주의 육신의 한 면모이기도 하다. 성과주의 육신은 거대한 현미경 아래에서 우리의 행동을 살펴 결과가 좋으면 하나님의 인도하심으로 받아들이고 결과가 나쁘면 낙담하는 '결과 지향적'인 관념을 형성한다.

성과주의에는 '성공형'과 '실패형'이 있다. 둘 다 육신이다. 일반적으로 성공형은 10퍼센트 이하이고 나머지가 실패형에 속한다. 일반 직장이나 사업도 그러하고 목회도 그러하다.

성공형이 주님을 만나면 교회 안에서 잘 훈련받고 시간을 유용하게 쓰며 무난한 대인 관계로 타인에게 모범이 되며 성경 공부를 하고 전도 훈련을 받고 직분을 잘 감당한다. 대외 활동이 무난하기 때문에 주님 만나기 전과 별반 다름없이 좋은 열매를 거두고 교회의 대내외적인 성장에 도움을 주고 장로 선출에도 실패함이 없다. 기도한 대로 응답이 오기에 그에게 하나님은 '성공의 하나님'이다. 주님을 의지한다는 의미는 좋은 성과를 거둔다는 말이며 성과가 계속 거두어질 때까지는 혼돈 없이 교회 생활에 열심을 낸다. 만일 기대한 결과가 나오지 않고 자신의 능력 밖이란 사실을 느끼면 엄청난 혼돈에 빠진다. 이때가 성공형이 신묘한 영의 세계를 경험할 수 있는 유일한 기회다. 그러나 성공형은 성공과 경쟁에 익숙하기 때문에 영혼의 밤을 맞이해도 자신이 가진 비상한 재주로 어둠에서 비롯되는 답답함을 쉽게 다른 목표로 바꾸어 탈출에 성공하는 경향이 있어 신위적인 믿음의 세계를 경험하기가 지극히 어렵다. 그들은 이사야 50장 11절처럼 스스로 불을 밝히는 데 익숙하다.

성공형은 하나님의 현실적인 부분은 쉽게 이해를 하나 이상적인 면에 대해서는 도무지 감이 없다. 타고난 재주나 습관적인 부지런함으로 무슨 일을 하든 전심을 다해 임하기에 자신의 능력과 하나님의 역사하심을 구별하지 못하고 "내가 사는 것이 아니요 오직 내 안에 그리스도께서 사시는 것이라"(갈 2:20)는 표현을 낯설어한다. 영성이라는 단어를 활동의 결과로 이해하기 쉽다. 성경 암송을 하거나 전도 목표를 세우면 전혀 불편함을 모른다. 간증은 성공 스토리고 인간 승리다. 그러나 실패와 죽음과 십자가는 피상적인 신앙의 일부분이고, 오직 소수의 약자들에게 생기는 운명적인 신앙이라고 치부하며 이런 사항에 대해서 알레르기적인 거부 반응을 일으킨다. 성공형에게 하나님은 이기는 이의 하나님이다. 그들은 실패를 더 큰 성공을 가져다주는 기회로 사용한다. 성공형은 자신이 정해 놓은 목표를 이루는 데 하나님을 적절히 이용하는 것까지도 성공한다.

반대로 실패형은 결점이 많고 판단력이 흐리고 세상을 보는 안목과 세상을 사는 재주가 부족하다. 세상에서 이루지 못했기에 여전히 세상에 대한 미련과 상처가 많다. 성공형보다는 복음에 민감하고 하나님의 은혜로 상처를 통해서 주님을 만났기에 영의 세계에 대한 안목이 있다. 자신의 미천한 능력에 대해 겸허히 수용하며 하나님의 은혜를 쉬이 받아들일 수 있고 하나님의 역사를 목도한다. 그러나 현실이 여전히 실패의 반복이면 주님에 대한 실망과 자신에 대한 실망이 증폭되어 현실의 성취에 대한 열등감을 다른 영적인 성취로 바꾸려는 경향이 농후하기에 영적 우월주의나 신비주의에 빠지든지 혼자 영적 골방에 갇히기가 쉽고 가까운 이들에게 물질적·정신적인 불편을 준다. 하나님은 나뿐만 아니라 너도 사랑한다는 보편성에 머리를 가로젓는다. 세상에서 성공하지 못하였기에 이제는 교회에서 특심을 가지고 영적인 성공을 추구하거나 혹은 반대로 하나님을 이용해서 세상적인 성공을 이루고 싶다는 유혹에 넘어가기도 한다.

실패형에게 고언을 해줄 마땅한 이가 배우자 외에는 딱히 없지만 배우자조차도 고언하기가 어렵다. 왜냐하면 쉽게 상처를 받기 때문이다. 비뚤어진 시각으로 영적인 성공을 도모하기 때문에 영혼의 밤을 통과할 때 특별히 주의를 기울이지 않으면 지나치게 수동형이 되거나 쓴

뿌리가 자랄 소지가 다분하다. 이때 배우자는 돕는 배필의 본연의 임무를 수행하기 위해서 진정성 있는 사랑으로 배우자를 설득해야 한다. 성공이라는 단어 자체를 하나님과 바꾸어야만 신비주의나 헛된 영광을 구하지 않게 된다. 이들에게 하나님께서 특별히 준비하고 계시는 선물이 있다. 바로 하박국 3장의 믿음이다. 비록 기도가 응답되지 않아도 하나님이 주시는 평안만으로 "옳소이다"라고 할 수 있는 믿음을 말한다.

영성 중에 최상의 영성은 아무것도 이룬 것이 없어도 하나님께 감사와 영광을 돌리는 영성이다. 이 점이 하나님의 묘수(妙手)다. 실패형의 사람은 영의 세계를 바로 볼 수 있는 귀한 자리로 초대받았다. 성공이 삶의 목표가 되지 않아야 하고, 가지지 않았기에 생기는 쓴뿌리를 경계해야 하고, 자족하는 감사의 태도를 배우는 것이 결정적이다. 실패형은 최상의 영성을 소유할 특권이 주어져 있는데도 구차스러운 영적인 경쟁(競爭)이나 교회 안의 정쟁(政爭)에 휘말릴 확률이 가장 높다.

성과주의에 바르게 대처하려면 어떻게 해야 할까? 성과주의에 휘둘리지 않기 위해서는 실패에 대한 분석과 성과에 대한 성경적 방법을 배우는 것이 중요하다. 젊은 그리스도인은 경쟁이 아니라 성경적 목마름과 고상(高尙, excellence)함에 대한 추구를 일찍 습득하는 것이 중요하다.

성경적 목마름이 일의 출발이다. 선교나 전도나 학업이나 직업이나, 하나님께서는 어떤 일을 이루실 때 먼저 우리로 소원하게 하시고 또 이루는 능력까지도 부여하신다.

> 그가 네 마음의 소원을 네게 이루어 주시리로다(시 7:4).
> 너희에게 소원을 두고 행하게 하시나니(빌 2:13).

여기에서 '소원'을 '성경적 목마름'으로 풀이했다. 원(願)은 근원 원(原) 자와 머리 혈(頁) 자의 합성어다. 가장 꼭대기고 근본이 된다는 말이다. 하나님과의 관계도 원함에서 시작된다. 인생이 할 수 있는 최상의 고상함이 바로 원함이다. 원함은 신위적인 믿음의 세계에서 통용되는 단어다. 주님은 가장 귀한 명령을 하실 때 원함을 사용하셨다.

> 이에 예수께서 제자들에게 이르시되 누구든지 나를 따라오려거든 (願하거든) 자기를 부인하고 자기 십자가를 지고 나를 따를 것이니라 누구든지 제 목숨을 구원하고자 하면(願하면) 잃을 것이요 누구든지 나를 위하여 제 목숨을 잃으면 찾으리라(마 16:24-25).

먼저 로마서 12장 1-3절과 같이 자신의 몸을 거룩한 산 제물로 드린 이에게는 하나님께서 주시는 성경적 목마름이 따라온다. 그러나 자신만을 추구하는 이에게는 이 목마름이 야망(野望)이 된다. 산 제물로 자신을 드렸는가 아닌가는 감찰하시는 하나님의 몫이기에 시간이 지나면 드러나기 마련이다. 산 제물로 자기 몸을 드렸는데도 여전히 분별력이 희미할 경우 일단 그 소원을 행해 보면 그것이 야망인지 거룩한 목마름인지 분별이 온다. 시도함이 없으면 모든 것은 탁상공론이다. 특히 젊은이들에게는 자신을 돌아보고 산 제물로 자신을 드린 바 된 것인지 아닌지를 확인하는 것이 관건이다. 만일 드렸다면 그다음은 시도만이 남는다. 이론이 닿지 않는 곳에 일어나는 시행착오가 필요한 영역이 산 제물로 드리고 난 후다.

그런데 '성경적 목마름' 즉 원함으로 시작을 해도 육신으로 끝날 수가 있다. 사울이 그랬고 발람이 그랬고 유다가 그랬고 젊은 부자도 그랬고 기복신앙이 그러하다. 이때 요구되는 또 다른 중요한 축이 있는데 그것이 바로 '고상함을 추구함'이다.

고상함은 영어로 'excellence'에 해당한다. 이는 덕(德), 탁월성 등으로 번역되는 하나님의 성품이다.

> 그의 신기한 능력으로 생명과 경건에 속한 모든 것을 우리에게 주셨으니 자기의 영광과 덕(고상함)으로써 우리를 부르신 자를 앎으로 말미암음이라(벧후 1:3).

'고상함'을 추구하면 하나님의 성품이 우리에게 임해서 세상과 짝하는 것을 피해 갈 수 있다는 말씀이다. 주어진 일을 수행하는 데 있어 고상함을 추구하는 태도는 귀하다. 만약 주어진 일이 죄와 연관이 있으면 회개를 하고, 자신과 맞지 않는 것이라는 결론이 나오면 하나님의 뜻을 기다려 보아야 하고, 이도 저도 아니면 시도해 보아야 한다. 고상함을 추구한다는 말은 경쟁과는 전혀 다르다. 경쟁은 일종의 제로섬 게임이다. 내가 앞서지 않으면 네가 앞선다는 관계다. 그러나 고상함을 추구하는 것은 나의 빈곳(허점)을 채워 넣는다는 말이다. 캔버스의 빠진 곳을 채워 가는 화가의 붓과 같다. 그 화가는 화폭에 자신이 그릴 수 있는 최상의 그림을 그린다. 물론 그의 최상의 그림은 다른 이의 그림에 견주어 객관적으로 평가를 받지만 그 화가가 고상함을 추구하는 한 전혀 문제가 되지 않는다. 나의 빈 곳은 하나님도 채우시지 아니하신다. 왜냐하면 그 채움을 바로 나의 몫으로 허락하셨기 때문이다.

그리스 철학이 말하는 '탁월성 추구'와 여기에서 언급한 '고상함 추구'는 외형은 유사하지만 그 내용이 전혀 다르다. 전자는 탁월성을 인간 스스로 매진해서 만들어 낸다는 의미지만 '고상함'은 하나님께서 이미 숨겨 놓으신 보물을 발견하는 것이다. 그 보물을 우리 스스로 만들어 내는 것이 그리스 철학이 말하는 인본주의 결정체라면, 이미 숨겨 놓으신 선물을 찾는 것은 전혀 다른 동기 부여이고 다른 수행 방법이다. 그래서 신앙과 종교는 다르다.

우리에게 주어진 한정된 시간과 공간에서 그 보물을 찾는 행위 속에 두 가지 사실이 내포되어 있다. 보물을 찾는 과정과 찾아낸 결과이다. 하나님께서 우리에게 요구하시는 것은 '믿음'으로 찾는 과정이다. 찾아내거나 찾아내지 못하는 것은 결과다. **결과물은 하나님 소관이기 때문에 우리에게 책임이 있지 않다. 우리에게 요구되는 것은 목마름에 합당한 즉 믿음에 일치하는 우리의 시간과 자원을 투자함을 말한다.**

이때 하나님께서는 그 보물을 여기저기 숨겨 놓으시며 우리가 직접 찾아내기를 원하신다. 하나님께서는 우리와의 만남을 위해 이 보물찾기라는 절묘한 핑곗거리를 만들어 내신 것이다. 혹 어떤 이는 보물을 찾아야만 한다는 강박으로 결과 지향적인 실수도 하겠지만, 하나님께서 숨겨 놓으신 것이라는 사실을 알고 나면 그 보물을 찾아가는 동안 하나님과 교제 시간을 가지는 것 자체를 중요하고 아름답게 받아들일 수 있다. 살아 있는 동안 보물을 찾는 시간이 한정되어 있기에 젊을 때 그 보물을 발견하게 될 경우, 그 보물을 이용해야 하는 고유의 목적을 동시에 발견하는 것이 중요하다. 그 보물을 하나님이 주신 목적대로 사용하면 경쟁은 더 이상 우리를 묶지 못한다.

달란트를 발견하기 위해서 고상함을 추구할 때 하나님께서 인도해 주실 것이므로 복지부동의 자세를 유지하면 된다는 생각은 금물이다. 혹 발견하지 못할까 하는 두려움에 시도 자체를 하지 않는 것은 달란트

비유에서 달란트를 땅에 묻어 두는 자처럼 '영적 소극성'(마 25:18)을 범하는 것이다. 영적 소극성은 특히 젊은이들에게 치명적인 유혹이다.

　그렇다고 해서 이 세상을 살 때 성공을 포기하라는 말은 더더구나 아니다. 성공은 고상함을 추구할 때 생기는 부산물일 뿐이다. 이는 철저히 하나님의 몫이지 나의 몫이 아니다.

　한 가지 질문을 던져 본다. "'거룩한 목마름'으로 시작해서 '고상함을 추구'한 사업이었는데 결과는 실패였다. 이를 어떻게 해석할 것인가?" 성경적 원리대로 사업을 했는데 결과가 원치 않는 방향으로 나왔다는 말이다. 잘되면 기쁨을 나누고 결과가 좋지 못하면 교훈을 얻으면 된다. 중요한 것은 이 '과정'에서 '하나님과의 교제'가 이루어진다는 점이다. 만일 결과가 아무것도 없다 하더라도 하나님과의 교제라는 거룩함이 있다면 전부를 이룬 것이다. **하나님은 성과라는, 목마름이라는, 고상함이라는 핑계를 통해서 우리와 교제 나누시기를 원하는 것이다. 그것이 우리가 이 땅에 태어난 목적이며 그 외에 하나님께서 우리에게 요구하시는 것은 없다.**

　지금의 한국 젊은이들은 지난 30년 동안의 고속 성장 후유증으로 소진과 성과주의와 무한경쟁 속에서 힘겨운 싸움을 하고 있다. 만일 교회가 또 하나의 짐을 더한다면 큰일이다. 이제는 '고상함에 대한 추구'를 경쟁이라든지 완벽함이라는 메커니즘과 바꿀 때다. 보물이 존재하는 이유를 알고 최선이라는 시금석을 이용하여 고상함을 추구하면 하나님과 또 자신과의 평안이 찾아오고 하나님의 성품인 고상함을 경험하기에 우리는 하나님의 성품에 참예하는 영광을 입는다. 이 영역은 아무도 줄 수 없고 오직 하나님께서만 주신다.

　만일 경쟁이라는 단어를 꼭 사용해야 한다면, 경쟁이란 서로의 최선의 일상을 객관적으로 비교해 보는 것 이상도 이하도 아니다. 신위적인 믿음이 오면 경쟁이란 의미는 없어지고, 아무도 범접할 수 없는 하나님의 경계(행 17:26) 안에서 누리는 자유함만이 있다.

나이를 먹으면 성과주의에 덜 예민해질까? 요즈음 용어로 50세가 되면 미모 평준화, 학력 평준화, 직장 평준화, 건강 평준화 등 여러 면에서 평준화가 온다고 하는데 사실일까? 그나마 사회가 인정하는 평준화에 나의 몸을 맡겨 버릴까? 입시 지옥을 통과한 이들의 노년은 어떨까? 영화나 소설이나 공상 세계에서는 '늙음'이 작업의 주제도, 선택할 주제도 못된 채 밀려난다. 아무도 가르쳐 주지 않아 직접 부닥치고 넘어지는 게 다반사다. 다행히 현찰이 있으면 모든 상처를 임시미봉 정도는 할 수가 있다. 오죽하면 어떤 설교자가 우스갯소리로 50세 넘는 여인에게 가장 필요한 것이 현찰이라 했을까. 과연 그런가? 그리스도인은 나이에 관계없이 성공에 대한 바른 해석을 해야 한다.

성경적 목마름과 고상함에 대한 추구함이 삶에 적용되면 나이와 관계없이 최선의 삶을 경험하고, 비록 육체의 기력이 쇠락해도 거룩함이 주도하는 신위적인 믿음의 삶으로 이어진다.

공황장애　도스토옙스키는 십 대 후반에 부친이 농노로부터 살해당한 소식을 듣고 처음 공황장애에 시달렸다. 그는 33세에 사회주의 운동으로 체포되어 시베리아로 유배된 뒤 사형선고를 받고 4년간 감옥생활을 했다. 책이라고는 성경만 허락된 그곳에서 그는 사회주의에서 기독교 인도주의로 거대한 방향 전환을 경험한다. 병약한 그가 비범한 재주를 보인 것은 소설 창작이었다. 그러나 창작 시 유발되는 불안과 엄청난 스트레스를 그는 도박으로 풀어 갔고, 결국 도박중독에 깊이 빠져든다.

도스토옙스키는 46세에 속기사 출신인 20세의 안나 스기트기 나와 재혼한다. 안나는 남편의 무분별한 경제관념, 도박중독, 공황장애, 대책 없는 시집 식구, 전처소생 두 아이, 그리고 자신이 낳은 세 아이를 잘 건사했다. 도스토엡스키는 도박중독에 빠진 채 무능력하게 살아가는 자신에 대해 자책하고 자학하면서도 더 깊이 도박에 빠져드는 악순환 속에 긴 영혼의 밤 속을 걸어갔다. 안나는 남편이 선불로 고료를 받은 《백치》를 쓰기에 모스크바가 적합하지 않다는 점을 간파하고 스위스로 가던 중에 바덴바덴에 들린다. 도스토엡스키가 룰렛에 뛰어들어 가진 돈을 다 탕진하자, 안나는 범인(凡人)이 감히 생각할 수 없는 행동을 취한다. 자신이 가진 모든 페물을 팔아서 남편이 도박을 계속하도록 도와준 것이다.

그러던 어느 날 도스토엡스키의 눈에서 거대한 비늘이 떨어져 나가고, 비로소 젊은 아내와 태중의 아이가 자신의 방탕 때문에 위기에 처했다는 사실을 직시한다. 마침내 그는 자신의 육신을 대면했고 공황장애에서 벗어나기 시작했다. 이때부터 안나는 비상한 수완으로 출판사를 차려 경제적 독립을 이루었고, 도스토엡스키는 최후의 결작인 《카라마조프의 형제들》을 탈고했다. 그로부터 몇 달 후인 1881년 1월 28일, 도스토엡스키는 안나가 지켜보는 가운데 폐동맥 파열로 60년의 생을 마감한다. 시베리아 감옥에서 주님을 처음 만났을 때 처음 읽었던 그 성경책을 가슴에 안은 채였다.

한 여인의 진실한 사랑을 통해서 그 남편은 하나님의 은혜를 덧입었다. 상담학의 기초도 배우지 않았던 안나였지만 영민한 그녀는 극진한 헌신으로 도박 뒷돈을 줘서 남편으로 하여금 '육신의 마지막'을 보도록 인도했다. 그것은 엄청난 용기였으며 하나님이 주신 지혜다. 만일 그녀가 남편의 도박을 강제적으로 금했더라면 끊어야 한다는 강박관념에서 빠져나오지 못했을 것이고 그는 공황장애의 덫에 평생 매여 있었을 것이다. 그렇다고 해서 도박중독에 빠져 있는 이에게 동일한 처방이 통한다는 말은 결코 아니다. 공황장애는 이성적인 논리로는 조절이 힘든 병이다. 그의 도박중독은 공황장애의 후유증을 풀기 위한 중독이기 때문에 공황장애가 그치자 도박중독도 멈추었다.

　나의 아내 역시 오랜 세월 동안 공황장애에 시달렸다. 다음은 아내의 고백이다.

　　　숙제의 의미를 몰랐던 초등학교 일 학년 때였다. 그날 나는 혼자 칠판 앞에 서 있었고 선생님이 나의 목을 조르셨던 것 같다. 어쩌면 목을 조르는 시늉만 하셨는지도 모른다. 숙제를 하지 않았기에 선생님은 나더러 아이들이 앉아 있는 의자 사이를 기어가라고 하셨고, 아이들은 선생님이 시키는 대로 기어가는 나의 엉덩이를 때렸다. 장난삼아 선생님이 하라는 대로 때리는 시늉만 했을 수도 있다. 나는 울지 않았고 부끄럽다고 느끼지도 않았다. 나는 이 사건을 어떻게 해석해야 할지 몰라 혼돈 가운데 그냥 지나쳐 버렸지만 그 이후 나에게는 급격한 공황장애 증세가 나타나기 시작했다.

　　　그 일이 있기 전만 해도 나는 적극적인 아이였다. 막내딸로서 아버지의 귀여움을 사는 아이었다. 인쇄소를 운영하시던 아버지께 온갖 재롱을 부리며 자란 나는 가족들에겐 완고하시고 두려운 존재인 아버지를 언제나 환히 웃게 할 수 있다고 자신하며 자랐다. 예쁜 색동 한복을 입고 결혼식 화동을 했던 기억도 생생하다. 마치 주인공이라도 된 듯 친지들의 시선을 즐기면서 꽃잎을 뿌리며 걸어가다 중간 지점쯤에서 나를 돌아보며 미소 지으시던 아버지와 눈을 맞추며 웃었던 기억이 아직도 또렷하다.

그런 내가 초등학교 때 처음 경험한 수치스러운 사건으로 내 안에
는 나 자신이 용서받지 못할 정도의 큰 잘못을 했다는 인식이 마
음속 깊이 각인되었다. 나는 스스로 비정상적인 자화상을 그리기
시작했고 자신감을 잃어 갔다. 그때부터 공황장애가 서서히 드러
나더니 굳건히 뿌리를 내리기 시작했다. 일상이 긴장과 불안의 연
속이었다. 사람이 두려웠다. 2학년 때부터는 일주일 혹은 이 주일
씩 학교에 가지 않고 온종일 이곳저곳을 배회하다 저녁이 되어 귀
가하곤 했다. 사람들 앞에서 책을 읽거나 말을 하면 공황장애 증
세 때문에 호흡이 가빠지고 숨이 막히며 가슴이 답답하고 어지럽
고 말이 떨리는 신체적 증상이 공포, 불안 등의 심리적 증상과 함
께 밀려왔다. 부모님은 귀여운 막내딸이 기죽지 않도록 단 한 번도
야단치시지 않고 충분히 사랑해 주셨기에 가족과 친지 사이에서
나는 여전히 밝고 명랑한 아이로 자랐다. 하지만 겉으로만 아무렇
지 않은 척 흉내 낸 것일 뿐, 사실 나는 마음속 깊은 곳에 숨어 떨
고 있었다. 어느덧 나는 이중적 삶에 익숙해졌고, 그럴수록 나의
자존감은 점점 낮아져만 갔다.

신앙생활을 시작한 이후에도 공황장애는 조금도 느슨해지지 않았
다. 수없이 기도와 감사 찬양을 해보았지만 한번 뿌리내린 공황장
애는 쉬이 사라지지 않고 삼십 대 후반까지 지속되었다. 믿음이 부
족해 공황장애를 극복하지 못한다는 정죄감 때문에 마음이 더욱
무거웠다. 공황장애가 엄습해 올 때마다 뱀에게 목이 감긴 듯 숨
막히도록 절박한 긴장 상태가 불식간에 터져 나왔다. 수십 년간 공
황장애에 시달리며 나의 건강은 서서히 악화되었고, 언제부터인가

비로소 그것이 병이라는 것을 알게 되었다.

응답 없는 기도를 반복하던 중, 공황장애에서 놓여난 극적인 계기가 1991년에 일어났다. 하나님께 모든 것을 헌신한 후 우리 부부를 목사나 선교사로 부르지 않으시고 상담 사역에 길을 열어 주신 것을 깨닫고는 본격적으로 상담 훈련을 받고자 성경적 상담센터에 갔다. 집중 상담 훈련은 매일 8시간으로 상담책 읽기, 상담자와 피상담자의 상담 과정 관찰, 상담 후 토론, 상담 교육 등으로 빽빽하게 채웠다. 매일 아침 각자 큐티 후 5명의 상담 훈련원과 4명의 인도자들이 사무실에 모여 기도로 하루를 시작했다. 영어로 하는 공중 기도는 나의 공황장애를 여지없이 발동시켰다. 이 기도 시간마다 범법자처럼 번민과 불안으로 가슴이 터져 나갈 듯했다. 상담의 중심은 십자가였다. 과거의 나는 십자가에서 죽고 그리스도께서 살아나신 사실을 믿는 것과 모든 것을 십자가에 포기하는 헌신이 주요 상담의 골자였다. 공황장애에 떨며 숨어 살아온 나는 죽고 그리스도 안에 새로 탄생되었다는 것을 머리로는 분명히 믿었지만, 현실에서 신체적 공황 상태는 여전히 기승을 부렸고 마음은 더욱 괴로웠다. 공황장애가 닥치면 어떠한 노력과 기도 심지어 주님의 사랑조차도 초토화되는 일이 반복되었기에 믿음으로 이기지 못하는 무능한 나를 도저히 받아 줄 수 없어 깊은 정죄감의 웅덩이에 빠져 있는 상황이었다. 어느 날 아침 큐티 시간에 혼자 로마서 12장 3절을 읽고 있었다.

"내게 주신 은혜로 말미암아 너희 각 사람에게 말하노니 마땅히 생각할 그 이상의 생각을 품지 말고 오직 하나님께서 각 사람에게 나누어 주신 믿음의 분량대로 지혜롭게 생각하라."

말씀을 받는 순간 나의 잘못된 가치관이 흔들리며 해체되기 시작했다. 내가 가진 것 이상의 생각을 품는 잘못된 생각에 종노릇한 나를 보기 시작한 것이다. 긴 세월 하나님께서 받아 주시는 나를 절대로 받아 줄 수 없다고 고집하는 것은 겸손이 아니라 교만이었음을 깨닫고 내 자신의 허물을 있는 그대로 받아들이자 급격히 마음의 평안이 찾아왔다. 이 성경 구절은 끈질기고 긴 공황장애에서 나를 해방시키는 단초가 되었다.

주님의 인도하심에 모든 것을 맡기고 순종하는 것이 나의 삶에 가장 중요한 변화였다. 도피에 익숙한 '육신'을 따르지 않고 비록 하나님의 섭리는 몰라도 그분의 완벽한 뜻이 있다는 믿음으로 무조건 응했다. 공황장애도 예외가 아니었다. 공황 상태로 사는 것이 주님을 기쁘게 하는 것이라면 그것조차도 기꺼이 받아들여야 한다는 깨달음이 왔다. 하나님보다 더 크고 나의 중심에 있었던 공황장애를 극복해야 한다는 우상이 허물어지기 시작했다. 공황장애를 극복하지 못한 나를 하나님께서 지극히 사랑하고 계신다는 느낌이 밀려오기 시작했다.

상담 훈련을 마치고 휴스턴에 돌아오자 담임목사님께서 수요 저녁 여성 집회에 '성경적 상담'을 주제로 이야기를 전해 달라고 부탁하셨다. 나는 강단으로 올라가기 전에 만일 공황장애 발작으로 이번 집회에서 수치를 당하더라도 변함없이 나를 사랑해 주시는 하나님만으로 충분하다고 감사 기도를 했다. 나는 공황장애를 스스로 조종하고자 하는 권리도 포기하겠노라고 부단히 다짐하며 강단에 올라갔다. 예전의 기도 내용과는 확연히 달랐다. 나는 시종 차분한 모습으로 준비한 내용을 발표하고 단상에서 내려왔다. '피해야 하는데. 실수하면 안 되는데. 분명 공황장애가 올 텐데… 어쩌지?' 등등 이런 망상이 머릿속에 가득차기 시작하면 나의 의지와는 상관없이 숨이 가빠오며 온몸이 경직되어 버렸던 지날날은 이제 끝이 난 것이다. 이제는 한결같은 주님의 사랑에 몰입하고, 사람들의 의견, 실패 그리고 실수에 연연하지 않으므로 더 이상 공황장애에 묶이지 않게 되었다.

지금도 실수할까, 사람들에게 어떻게 비칠까에 마음이 팔리면 또 다시 공황장애에 시달리게 될 수 있다. 그러나 심중을 보시며 어떠한 실수도 이해하시고 너그럽게 품어 주시는 하나님의 사랑에 집중하고 감사하면 참 자유 안에서 안식할 수 있다. 그러면 고유한 나의 모습이 나타나고 몸과 마음 그리고 영까지 치유된 자신을 발견하게 된다.

감당하기 벅찬 환경이나 사건은 공황장애를 일으킨다. **현실에 일어나지 않는 것을 마치 일어나고 있는 듯 두려워하는 감정은 하나님께서 주시는 것이 아니다.** 그래서 나는 공황장애를 '믿음'의 문제로 본다. 트라우마로 오는 경우에는 해석할 수 없는 사건의 기억이 잠재의식 깊은 곳에 숨어 있거나, 반대로 오로지 그것에만 마음이 사로잡혀 또 예측 불가능한 것들이 곧 일어날 듯 예상하기에 두려움이 오면 순식간에 조절 불가 상태가 된다.

극복하고자 하는 강박증, 피해야겠다는 절박감, 잘해야겠다는 압박감, 할 수 없을 것 같은 불안감 등에 생각을 몰입하면 할수록 교감신경이 더 고조되어 경직 상태로 치닫게 되며 더 이상의 조절은 불가능해 보인다. 그것은 '무기력이 학습된'(learned helplessness) 경지

에까지 간다. 그 무력감은 자살 충동을 불러일으키기도 한다. 공황장애는 의지만으로는 조절이 힘든 병이다. 약물과 인지행동 치료가 도움이 되기도 하지만 의지만으로는 조절이 힘든, 병든 마음 그대로 하나님께 나아와 주님 중심으로 살고자 결단하고 의지할 때 아주 깊은 내면에서부터 치유가 일어난다. '행함'이라는 결과 중심의 사고에서 벗어나 하나님께 자유로이 기대어 조건 없이 받아 주시는 하나님의 사랑을 받아들이고 몰입하면 공황장애에서 놓여난다. 하나님의 조건 없는 사랑 안에서 쉬는 법을 배우게 되면 부교감신경이 활발해진다. 그것은 마치 부모의 무릎을 베고 누워 편안히 잠든 어린아이의 상태와 같으며, 불안에 떠는 공황상태와는 완연히 대조를 이룬다.

패시비티(영적 소극성) 패시비티(passivity)는 극단적으로 소극(수동)적인 마음가짐이며, 영혼의 밤에 통증을 느낄 때 쉽게 취하는 행동이다. 어떤 금속이 외부 환경에 노출되면 얇은 피막을 형성해서 스스로를 보호하는 현상을 '패시비티'라고 부른다. 극심한 자기 보호의 강구책이다. 이때 그 피막의 두께는 마이크론 단위보다 더 얇으며, 귀금속일수록 피막은 얇고 외부 환경에 더 잘 버틴다. 박테리아도 환경이 맞지 않으면 스스로를 보호하는 피막을 형성해서 포자를 만들어 긴 동면에 들어가 버리는데, 이는 통증으로부터 보호하려는 육신과 유사하다. **패시비티는 무의식적으로나 의식적으로 감각을 차단하여 숨는 극한의 처절한 육신적 행동이다.**

패시비티는 과잉보호나 지나친 강압적 분위기 또는 조종받는 환경에서 성장한 경우 형성된다. 실패를 두려워하는 부모가 아이를 대신해 모든 것을 결정해 주는 환경에서 자란 아이는 스스로 판단할 기회를 잃어버려 환경 등의 변화에 대처하는 능력을 상실하고 자신감과

정체성이 결여된다.

　패시비티는 '자기 보호 육신'이다. 스스로 떨치고 나아가야 할 때 기다리고만 있으면 수동적인 틀 속에 갇혀 숨게 되고 현실을 무시하게 된다. 미성숙하고 분별력 없는 신앙인이 패시비티를 십자가로 오해할 때 잘못된 지도자를 만나면 영적 폭행을 당하고 종교 중독에 빠지게 된다. 패시비티를 십자가에 못 박히는 순종으로 오해할 경우 문제가 된다. 감당하기 힘든 일을 억지로 하거나, 대면하기 어려운 사람을 수용하거나 힘든 사건을 무조건 극기하는 것으로 오해하면 패시비티에 빠지기 쉽다. 또 광야를 훈련받는 곳으로 오해하면 깊은 무기력과 우울증 속에서 헤어 나오지 못하기 때문에 위험하다. **광야는 신앙인이 거할 처소가 아니고 훈련을 받는 곳도 아니며 오직 육신을 발견해서 십자가에 죽게 하는 것 외에는 아무런 가치가 없다.**

　다음은 아내가 경험한 영적 패시비티에 대한 고백이다.

　　오하이오주립대학에서 생활하며 아르바이트를 할 때였다. 나는 열심히 노력하면 무엇이든 할 수 있다는 자신감으로 차 있었다. 어느 날 가끔 출석하던 한인 교회에서 부흥회가 열렸다. 부흥 강사님의 '열매 없는 무화과나무 비유'를 듣는 중에 나 자신이 잎만 무성하고 열매는 없는 무화과나무와 같음을 깨닫고 처음으로 텅 빈 내면 세계를 보게 되었다. 자신의 한계를 보자 예수님에 대해서 더 깊이 알고 싶었다.

　　문득 얼마 전 자신의 인생을 주님께 헌신했다며 전단지를 전해 주시던 초로의 백인 신사가 생각났다. 그분의 뒷모습을 보면서 스스로 노력하기보다 예수님께 도피하는 것을 진리의 삶으로 착각하는 것이 불쌍하다고 생각했었는데, 이젠 그분을 만나 직접 대화해 보고 싶었다. 그런데 그 신사분이 마침 나를 향해 다가오시는 게 아닌가? 나는 전율했고, 반갑게 그분을 맞이하며 나의 신앙 결심을 말씀드리고 도움을 요청했다. 그분은 다음 주에 책 꾸러미를 들고 다시 나를 찾아오셨다. 그는 오하이오 주 극동방송 책임을 맡고 계신 빌 바우어스씨였다. 김장환 목사님이 왜 자기에게 한국 책 한 꾸러미를 부쳤는지 이유를 몰랐는데, 마침 내가 생각이 나서 가져왔다고 했다.

다음 날 나는 그 책 중에서 빌리 그레이엄의 《하나님과의 평화》라는 책을 읽기 시작했다. 인간 스스로의 노력으로 결코 완전하거나 조건 없는 사랑을 할 수 없다는 예리한 지적은 나의 마음을 관통했다. 누군가를 조건 없이 사랑할 수 없음을 절감하고 있었기에 '그러면 나는 어떻게 해야 하지?' 하는 절박한 고백이 저절로 나왔다. 다음 장에서 나의 죄를 위해서 예수님이 피 흘려 돌아가신 것을 차근하게 풀어 나가는 대목을 읽을 때의 느낌은 '경악' 그 자체였다. 눈물이 흐르고 또 흐르는 가운데 감사가 저절로 흘러나왔다. 나의 삶은 주님을 향해 조금도 주저함 없이 돌아서게 되었다. 예수님이 인간처럼 인격을 가지신 분이라는 것과 그러한 분이 나를 사랑하시고 친히 찾아오셨다는 것이 현실로 받아들여지니 갑자기 깊은 잠에서 깨어나 눈이 번쩍 뜨인 것처럼 모든 것이 깨달아지며 새로웠다. 이상한 것은 기독교 고등학교를 다녔을 뿐 아니라 친구를 따라 교회에 다니기도 하며 무수히 들었던 예수님에 대해 그때까지도 관심이 없었을 뿐 아니라 그분이 누구인지조차 전혀 모르고 있었다는 것이었다. 거대한 영의 세계가 내 앞에 펼쳐졌다.

1977년 6월 10일. 내 생애 가장 귀한 날이었다.

그 후 성경을 손에서 놓지 않고 매일 묵상하며 진리의 말씀에 놀라고 깊이 잠기기 시작했다. 아침에 조그만 일을 생각만 해도 저녁이 되면 그 일이 이루어지곤 했다. 초신자인 내가 감당하기 벅찬 하나님의 임재하심과 성령 충만함이었다. 어떠한 갈등도 주님께서 인도하실 것임을 믿고 기다릴 수 있었고, 감사와 평안한 마음이 나의 삶을 주장했다. 교회 식구들도 나의 급격한 변화에 놀라워하며 곧바로 교회 일을 맡기기 시작했다. 바우어스 씨의 전도로 믿음을 가졌기에 전도의 중요성을 깨닫고 전심으로 전도했고 곧 결실도 따라왔다. "그리스도 안에서 능치 못할 것이 없다"는 성경 말씀에 잡혀 무엇이나 거절하지 않고 전도와 봉사 중심으로 일상을 매진했다. 가정생활 외에 성경 공부, 육아반 인도와 금요 철야기도 등으로 교회에서 살다시피 하였다.

그러다 첫 아들을 출산한 뒤로는 감동과 기쁨이 엷어지고 차츰 영적 열정이 식어 가고 있었으나 짐을 내려놓는 법을 몰랐다. 갑자기 그만두면 주위 사람을 실망시키고 혹 예수님께 누를 끼칠까 두려워 솔직할 수가 없었다. 조심스레 이런 문제를 의논하면 목사님이나 신앙 선배들은 정색을 하며 시험에 들겠다고 염려했고, 그럴수록 나는 오히려 커다란 죄책감을 느꼈다. 나는 여전히 밖으로는 분주하게 활동했으나, 서서히 혼자만의 골방으로 숨어 들어가 마음의 문을 닫았다.

이러한 현상은 곧 사람을 기쁘게 하여 나 자신의 존재 가치를 확인받으려 하는 육신의 문제였다. 주위 사람들이 나의 힘든 상황을 이해해 주기를 수동적으로 기대했고, 그들의 부탁을 거절하지 못해 나는 우울증에 빠져들기 시작했다.

결혼 전 나의 친정 엄마는 자식들의 마음을 미리 헤아리셔서 필요한 것을 요구하지 않아도 알아서 채워 주시며 과잉보호하셨다. 공황장애 속에서 공주 아닌 공주로 성장한지라 아무것 아닌 일에도 힘에 겨워 병이 나기 일쑤였다. 급기야는 그토록 달고 오묘했던 기도와 성경 묵상조차 멀리하게 됐으며, 삶의 의미와 의욕을 상실한 심각한 패시비티 속으로 빠졌다. 어쩌면 죽음만이 나를 해방시켜 줄 것이라는 극단의 생각에까지 달했다.

7년이라는 세월이 흘러 휴스턴으로 이사한 지 두 해째 되던 해였다. 어쩌면 뇌종양이 아닌가 하는 생각에 친한 의사를 찾아 진단을 받기도 했는데 아무 이상이 없다고 했다. 이상이 없으니 우울해야 할 이유도 없고 더 이상 무슨 뾰족한 수가 없다는 결론에 이르자 비로소 주님께 완전 항복하는 기도를 드리게 되었다. 실은 그동안 두려워서 드리지 못한 것이 하나 있었다. 만일 주님께 다 드리겠다고 결단하여 목사 사모나 선교사로 가라 하시면 이미 힘든 사역이 더 힘들어지며 가정의 영역까지 없어져 버릴까 두려웠다.

나의 유년 시절 우리 집은 항상 손님들로 북적였고 모친은 늘 많은 사람들에게 베풀며 사셨다. 늘 대문이 열려 있어서 일꾼과 손님들 때문에 분주했고, 준비한 음식을 갑자기 닥친 손님들에게 양보하느라 정작 가족들은 굶거나 누룽지로 끼니를 때우며 늘 허기에 주렸던 친정이었다. 자그마한 나만의 공간도 없었다. 어린 마음에 가진 꿈은 가난한 농부의 아내가 되어 오붓한 가족의 공간을 가지고 사는 것이었다. 가족보다 타인 위주로 살던 모친 같은 삶의 전철을 밟지 않으리라고 다짐에 다짐을 하며 자랐다.

가족의 영역까지 포기한 채 모든 것을 주님께 바치는 것은 내게 '죽음' 자체를 의미했다. 그것만은 버리지 않기 위해 나름 열심히 사역을 하고 싶었지만 영적 소진을 피할 수 없었다. 이 모든 것까지 포기하고 헌신한 후 믿기 어려운 변화가 따라왔다. 나의 육신을 직시하고 난 뒤 하나님께서 가장 먼저 보여 주신 것은 놀랍게도 사모나 선교사로 헌신하는 것이 아니었다. 그 누구보다도 나의 기본 영역을 지켜 보호해 주실 뿐 아니라 각자의 가정을 지키는 것이 죄가 아니고 주님의 뜻임을 깨닫게 하신 것이다. 그동안 시달렸던 문제의 상당 부분이 하나님에 대한 오해와 육신 때문이었으며 특히 패시비티가 큰 비중을 차지했음을 보여 주셨다. 기다릴 때와 순종해야 할 때 그리고 싫고 좋고를 선택해야 할 때 솔직한 자기 의사를 '사랑'으로 표현하도록 훈련시켜 주시며 건강한 자신감을 조금씩 회복시켜 주셨다. 마침내 나는 7년간의 긴 우울증에서, 그 캄캄했던 영혼의 밤에서 나올 수 있었다.

종교 중독 정도 차이는 있지만 성경적 상담을 원하는 이들은 대개 현대 교회의 특징 중 한 가지인 '종교 중독' 성향을 보인다. 그러고 보면 성경에는 종교 중독에 빠진 유대인들의 일상이 여실히 드러나 있다. 오늘의 교회는 물론 구약의 유대인들이 끈질기게도 종교 중독에 빠진 이유 중 하나는 믿음이 믿음에서 믿음으로 옮겨 가지 못하고 한 지점에 머무르기 때문이다. 믿음이 정체되면 피상적 종교 생활로 접어들게 되는데 바로 그 상태가 '종교 중독'이다.

교회 출석이 습관화된 이들에게 엿보이는 가장 곤혹스러운 문제가 바로 종교 중독이다. '독실함'과 '종교 중독'을 분별하기란 쉽지 않다.

이단을 좇는 맹신적이거나 반사회적인 종교 중독보다는 깊이 숨겨져 있어 미묘하고 쉬이 분간하기 어려운 종교 중독이 더 큰 문제다. 이런 종교 중독은 많은 혼돈을 일으켜 신위적인 믿음을 경험하지 못하게 한다.

영적 소진이나 영적 폭행은 종교 중독과 밀접하다. 유대인이 특권 의식 및 양반 의식의 변종인 종교 중독에 빠져 있다면, 한국인은 거의 대부분 종속의존적 또는 성과주의 육신에 의한 관계 중독에 빠져 있다.

흥미로운 점은 대부분의 신자들은 자신의 종교 중독을 몰라보지만 불신자들은 묘하게 지적을 해낸다는 점이다. 세상에 살면서 자신의 한계를 보고 주님을 모시기 시작했다 해도 육신의 활동을 보지 않고 자신의 삶을 예전처럼 답습하면 이 중독에 빠진다. 즉 외면적으로 명패만 바꿨을 뿐 그 내면을 움직이는 것은 여전히 육신이라는 메커니즘이다. 신앙생활은 중독에서 벗어나는 과정이라고 정의할 수 있는데, 모태신앙이든 아니든 주님과의 관계가 시작되면 생활 환경과 태도를 새롭게 정비하여 살아가지만 육신은 여전히 왕성하게 살아 있어서 그 육신에 자신을 맡기면 돌연변이인 종교 중독을 빚어 낸다. 믿지 않던 생활에서 벗어났다고 하나 불신에서 종교 중독으로 쉽게 탈바꿈하고 마는 것이다.

신앙생활이 시작되면 파괴적인 중독에서 점차 헤어 나온다. 그러나 깊이 숨어 있는 종교 중독처럼 파괴적이지 않은 중독은 영혼의 밤을 맞이하기 전에는 좀처럼 그 정체를 드러내지 않는다. 특히 이제까지 모든 중독에서 나를 벗어나게 해준 신앙생활이 어느 날부터 종교 생활로 엮어 들어갈 만큼 종교 중독 육신은 교활하고 교묘하다.

1980년대부터 유행처럼 번졌던 복음주의 지도자의 외도 사건도 종교 중독의 여파이고, 흔히 겪는 교회 분란의 시초도 그러하다. 이러한 분란의 중심인물들은 대개 평균 40대 중반, 50대 초반의 카리스마 있고 역동적인 설교자들이나 평신도들로서 자신들의 노력대로 가인처럼 이 땅에 무언가를 쌓자마자 종교 중독에 휘둘림을 당한 좋은 사례들이다.

정우는 이민 1.5세다. 20대 중반에 규칙적인 신앙생활을 강조하는 소그룹 운동에서 주님을 알게 되어 헌신했고 열심이었다. 복음주의자의 전도로 회심을 했기에 그 역시 전도에 열심을 냈다. 심지어 믿지 않는 이들의 구원이 전도하지 않는 자의 책임이라는 설교를 받아들였기에 전도를 전적으로 하지 못하는 것에 중압감을 느꼈고, 어떤 방식으로든 주님의 일을 해야 한다는 강박관념이 그를 통제했다. 나이 들어 시작한 버거운 의학 공부에 그의 일상은 조그만 쉼도 없건만 담임목사는 모든 집회에 참석하라는 요구를 했다. 특히 수요 집회는 그에게 고역이었다. 그에게 수요예배에 집중이 잘 되는지를 묻자 그는 기다렸다는 듯이 "천만에, 내일 칠 시험 걱정에 설교는 전혀 들리지 않고 안절부절 못할 뿐"이라고 대답한다. 그러면 수요예배를 참석하지 않고 공부를 하면 어떠냐고 묻자 안 된다는 듯한 표정으로 몇 번이나 "수요예배에 참석해야 하는데 큰일"이라고 중얼거리며 한숨을 내쉰다.

심각한 종교 중독이고 복음주의 중독이다. 종교 중독에 빠져드는 까닭은 생명이신 주님과의 교제가 아닌 조직이나 계획이나 습관이나 잘 짜인 프로그램을 분별없이 신뢰하기 때문이다. 자신의 육신을 알지 못한 채 육신이 이끄는 대로 살아가면 이러한 함정에 빠져서 올바른 성경적 신앙생활을 습득하지 못하고 종교 중독으로 나아간다. 종교 중독은 다른 형태의 성과주의 육신이다. 어떤 종교 중독은 스스로 특별하고 싶어 하는 이에게 일어나는 육신의 교묘한 활동의 결과다. 하나님의 자녀가 되는 순간 우리는 이미 특별한 존재가 되고 경쟁이 필요 없는 고유한 삶의 목적이 부여되고 열등감이 없어지고 행복은 더 이상 추구의 대상이 아닌 삶의 기반으로 탈바꿈하게 된다.

성경에서 대표적으로 종교 중독 사례를 보여 주는 인물이 바울과 베드로다. 성경에는 중독에 관한 직접적인 언급이 없지만 갈라디아서와 사도행전을 중심으로 바울과 베드로의 관계를 통해서 그들이 어떻게 종교 중독에서 벗어났는가를 짐작할 수 있다.

갈라디아서 2장 11절에서는 천하의 베드로가 자신의 종교 중독 때문에 공개적으로 망신당하는 장면이 나온다. 야단친 이는 바울이고 야단맞은 이는 베드로다. 그런데 두 사람의 공통점은 종교 중독에 빠져 있었다는 점이고, 차이점은 바울은 중독에 흠뻑 젖었다가 해방되었으나 베드로는 여전히 종교 중독에 잡혀 있었다는 점이다. 바울은 자신의 경험에 비추어 어떻게 종교 중독에서 놓여나는가를 잘 알고 있었기에 베드로가 공중 앞에서 의도된 대면을 하도록 이끈다. 즉 의도된 하나님의 역사하심의 한 장면으로 해석하면 어떻게 종교 중독에서 놓여나는지가 보인다.

베드로는 처음 3년간 주님과 동고동락하면서 주님의 신실하심을 보았고, 자신이 얼마나 육신에 묶여 있는지 깨달았으며, 그럼에도 불구하고 주님이 여전히 자신을 사랑하신다는 사실을 확신했다. 주님께서 부활하시고 난 후 50일과 그 후의 나날은 베드로에게 꿈같은 시간의 연속이었다. 153마리 고기가 잡혀 그물이 찢어질 듯했던 일. 성령이 장대비처럼 임하고 난 후 한 번의 설교에 3,000명이 한꺼번에 회심했던 일. 걷지 못하던 이를 걷게 했던 일. 돈에 메여 있던 부부가 하나님을 속이다가 죽었던 일. 죽은 아이가 기도로써 살아난 기적. 지난날 주님께서 행하신 기적과 이상들이 자신을 통해서 일어나는 현실에 베드로는 다시금 주님의 약속과 신실하심에 탄복하고 감격할 따름이었다.

베드로가 갈라디아서 2장에 등장할 때는 이미 17여 년의 시간이 흘러 있었다. 그 오랜 세월이 지났음에도 베드로는 여전히 종교 중독에 빠져 있었다. 어느 날 로마 장교 고넬료를 만나 심각한 신앙의 도전을 받았으나 베드로는 주님께서 원하시는 대로 유대인들을 복음화하는 일에 여전히 충실했다. 이방인들을 전도하는 일은 자신의 전공이 아님을 잘 알았기에 바울이나 바나바에게 일임을 하고 남의 땅에 건물을 짓는 우를 범하지 않았다. 그는 이방인들과 부딪칠 일이 많지 않았기에 자신 속에 뿌리 깊이 박혀 있는 종교 중독을 미처 자각하지 못했을 것이다. 어느 날 이방인 교회 안디옥에서 식사를 하던 중 유대인들이 갑자기 들이닥치자 그는 슬며시 돌려 앉으려다 바울에게 직통으로 공개 망신을 당한다.

이른바 주님과의 독대를 한 것이다. 주님과의 독대는 여러 가지 형태가 있다. 베드로는 자신이 가진 종교 중독 때문에 망신당했다. 요즈음 말로 '오픈되었다'고도 할 수 있는 대표적인 중독 치료의 첫 단계이다. 스스로 도움 받아야 한다는 자각이 없다면 상담은 이루어지지도 않고 또 결과도 없다. **도움을 받으려면 자신의 어두운 면을 여는 것이 먼저다.** 곰팡이가 슨 눅눅한 이불을 밝은 햇빛에 말리는 것과 같다. 만일 자신의 중독을 알고 있다면 먼저 하나님께 열어 보이고, 자신을 아끼는 가까운 이에게 시인하여 보라. 그러면 곧 하나님의 방법인지 알 수 있을 것이다. 그러나 우리의 육신이나 사탄은 호락호락하지 않다. 결코 열어 보이지 못하게 온갖 공격을 한다.

기둥 같은 베드로가 공개적으로 바울에게 망신을 당했을 때 베드로는 세 가지 선택을 할 수 있었다. 회개를 하던가, 순간적으로 창피를 모면하기 위해 무슨 말을 둘러대든가 아니면 그 이상의 에너지를 가지고 바울의 공개적인 망신에 대한 성경적인 오류를 잡아내어 역공을 하는 방법이다. 이 중에 베드로는 주님의 제자답게 자신의 잘못을 공개적으로 시인했다.

비록 바울을 통해 성경에 기록될 만큼 공개 망신을 당했지만 그 후 베드로의 기록에 따르면 베드로가 종교 중독에서 해방된 탁월한 영성을 보여 주었음을 알 수 있다.

> 우리 사랑하는 형제 바울도 그 받은 지혜대로 너희에게 이같이 썼고(벧후 3:15).

베드로가 바울의 편지나 말을 얼마나 귀히 여겼는지가 그의 마지막 편지에서 절절히 나타난다. 베드로는 바울의 공개적인 성토가 주님의 직접적인 개입이심을 안 것이다. 중독은 끈질기고 모질다. 그러나 **주님 안에서 자신의 비밀스럽고 괴로운 것을 열고자 하는 이에게는 통회 자복하는 가난한 마음을 하나님께서 허락하시고 중독에서 해방시키시며 상상하지 못하는 자유를 부산물로 부어 주신다.**

바울의 종교 중독을 살펴보자. 주님의 엄청난 역사와 기적과 이사(異事)가 자신을 통해서 일어난 것을 경험한 사도들은 강을 건너온 진정한 히브리인처럼 자신의 생래 문화권을 뛰어넘어 다른 문화권으로 가서 그들과 함께 호흡하며 삶을 나누는 연습을 시작했어야 했다. 그러나 예루살렘에 모여 있는 사도들과 믿는 형제들은 이방인에 대한 굴절된 시각을 가졌기에 그리스도인이라고 불릴 수가 없었다. 바나바가 바울을 동역자로 세우고 1년을 안디옥에서 가르치고 난 후에야 비로소 믿는 무리를 일컬어 그리스도인이라고 불렀다(행 11:26). 전심으로 믿어 온 그들을 그리스도인이 아니라고 한다면 그 심정은 참담했을 것이다. 실은 바울 외에는 이 육신이 얼마나 복음의 핵심에서 이탈했는지를 아무도 몰랐던 것 같다.

중독은 뿌리가 깊기에 그 뿌리를 잘라 내지 않으면 벗어나지 못한다. 그런데 바울은 어떻게 그의 종교 중독에서 해방되었을까? 스데반의 죽음을 당연하게 여기고 많은 그리스도인을 핍박한 그였기에 그가 가진 중독의 뿌리는 엄청났다. 그런 그가 바뀌었다. 그 뿌리가 통째로 뽑히는 데 결정적 역할을 한 것은 과연 무엇이었을까?

사도행전 9장에 사울이 바울로 회심하는 장면과 갈라디아서 2장 1절 사이에는 14년이나 되는 세월이 있었음을 증거한다. 그런데 14년이 지나서 등장한 바울은 전혀 다른 사람이 되어 있었다. 그는 종교 중독에서 철저히 해방된 최초의 유대인 출신 그리스도인이다. 바울의 눈에 비친 베드로나 동석한 바나바는 지난날 자신의 모습과 너무나 흡사한 중증 종교 중독자였다. 이 중증 중독을 치료하고자 바울은 갈라디아에 있는 신자들에게 편지를 띄웠다.

바울에게 무슨 일이 일어난 것일까? 바울의 탁월한 영성은 베드로를 대면하는 자리에서 명쾌하게 드러난다. 벌써 10여 년이나 주님 안에서 훈련되고 검증된 천하의 베드로를 군더더기 없이 있는 그대로 직파할 수 있는 바울의 영성은 과연 어디에서 왔을까? 바울은 이 서신에서 이방인에 대한 베드로의 굴절된 안목이 바로 유대인들이 가진 근본적인 육신임을 파헤친다.

바울은 주님과의 독대, 공개적인 망신, 그리고 긴 기다림의 세월을 통해서 종교 중독에서 해방되었다. 주님께서는 다매섹 도상에서 직접 그를 만나셨다(행 9:3). 동행한 사람들도 하나님의 음성은 들었으나 바울만 하나님을 대면했다. 주님과의 독대다. 무리 속에 있어도 주님과의 독대가 이루어진다. 바울이 가지고 있었던 지독한 종교 중독의 중심에는 특심이 있었다. 전형적인 성과주의 육신인 특심이 그의 삶을 움직이고 있었다. 이 특심은 스데반의 죽음을 불러일으킬 만큼 끈질기고 잔혹하다. 주님을 독대하자마자 이 특심이 흔들리기 시작하나 종교 중독은 여전히 끈질기게 바울 안에 남아 있었다.

그렇게 단숨에 무너지고 난 뒤 사흘이 지나 눈에서 비늘이 떨어지고 나자 그는 '예수님은 그리스도'라고 외친다. 비록 주님을 뵙고 인생 역전이 시작됐지만 종교 중독에서 출발한 그의 특심은 여전했기에 그는 즉시 주님이 곧 그리스도이심을 외쳤다. 즉 내면은 변함이 없고 바깥의 명패만 바꾼 셈이다. 그래서 주님은 그를 아라비아로 내보내신다(갈 1:17). 아라비아에서 말로 형언하기 힘든 귀한 훈련을 받아 다시 돌아왔으나 바울은 여전히 무늬만 제자이고 종교 중독에 젖어 있었다. 예루살렘에서 15일을 머물면서 주님을 증거했으나 목숨이 위태로워져서 사도들이 그를 가이사랴를 경유해서 고향인 다소로 돌려보낸다. 그의 불타는 열정은 회심 이후나 아라비아 훈련을 받고 난 후나 다시 예루살렘으로 왔을 때나 여전히 특심으로 가득했다. 비록 이전과는 다른 특심이었으나 특심은 여전히 특심이다. 어떤 이는 한 번의 안수기도로 어떤 이는 금식으로 단번에 중독에서 해방되었다고 간증을 하지만 바울은 그렇지를 못했다. 신기한 점은 바울이 고향으로 돌아가자마자 어떤 일이 일어났는지에 대한 성경의 기록을 통해서 바울의 종교 중독의 여파가 얼마나 심각했는지를 알 수 있다.

> 그리하여 온 유대와 갈릴리와 사마리아 교회가 평안하여 든든히
> 서가고 주를 경외함과 성령의 위로로 진행하여 수가 더 많아지니
> 라(행 9:31).

'그리하여'라는 접속사가 묘수다. 읽기에 따라 바울이 고향으로 돌아가자마자 비로소 평화가 찾아온 듯 해석되기도 한다. 마치 교회가 바울이 떠나기만을 기다린 것 같다. 중독 증세가 심한 바울이 서성일 때는 교회에 평화가 없었는데 바울이 물러나자마자 기다린 듯이 교회에 봄이 오기 시작했다. 한 사람의 중독은 온 교회를 흔든다. 바로 그 점이 바울로 하여금 종교 중독에서 빠져나오는 단초가 된다. 바울은 자신이 떠나자마자 예루살렘교회가 평화가 왔다는 사실을 전해 듣고는 적잖이 당황했을 것이다. 요즈음 말로 바울은 처절하게 '쪽팔린 것'이다. 영민한 바울이 이 점을 간과했을 리가 만무하다. 문패를 유대인에서 그리스도인으로 바꾸었으니 열심만 있으면 만사 오케이라고 생각했었는데 현실은 전혀 아니었다. 자신의 특심이 여전히 존재하고 교회에 걸림돌이 된다는 사실에 바울은 충격을 받았고, 특별히 이방인에게 복음을 전할 일꾼으로 선택된 것에 대한 깊은 회의가 왔을 것이다. 따라서 하나님에 대한 깊은 실망감도 따라왔고, 그 이후 마침내 바울은 자신에 대해서 절망한 것이다. 바울에게 본격적인 영혼의 밤이 도래했다. 그것에 대한 포효가 로마서 7장 19절이다. 자신이 가지고 있는 그 육신이 주님의 사역의 근간을 허물고 있다는 사실을 깨닫는 장면이다.

내가 원하는 바 선은 행하지 아니하고 도리어 원하지 아니하는 바
악을 행하는도다(롬 7:19).

바울은 철저히 좌절한다. 자신의 어떠한 선한 움직임도 오직 사
랑하는 주님께 거침돌만 된다는 고백은 종이 할 수 있는 가장 처절한
고백이다. 부모 됨의 진정한 시작은 어느 날 자식이 죽고 싶다고 절규
하는 소리를 직접 들을 때부터다. 바울은 자신의 육신이 성령님과 맞
서고 있다는 사실을 발견하고는 경악한다. 이어서 바울의 고백은 오
직 성령님을 좇는 것만이 살길임을 로마서 8장에서 선포한다. 왜 지난
몇 년 동안 자신이 시도하는 모든 일이 원치 않는 방향으로 흘러갔는
지를 바울은 드디어 깨닫기 시작한 것이다. 자신의 육신을 좇으면 오
직 해로움만 있다는 사실에 그는 더 이상 예전의 사울과 같은 모습으
로 주님을 증거하는 것을 과감하게 포기했다. 그리고 그는 철저히 고
백한다. 이제까지 가지고 있었던, 그나마 주님 안에서도 쓸 만하다는
것들, 그에게 마지막으로 유익했던 것들을 '배설물'로 고백하는 장면
은 그의 종교 중독에서의 해방을 보여 주는 압권이다. 비로소 그는 자
신의 과거의 죄에 대한 벌에서 해방되었고 사역에서도 자유로워졌다.
바울은 마침내 고향 다소에서 부친의 가업인 천막 사업을 묵묵
히 수행하는 가운데 깊은 묵상과 기다림의 시간을 보낸다. 이제 더는
사역 자체에 좌지우지되지 않고 사역이라는 강박관념에서 벗어나기
시작했다. 모세가 장인의 집에 거하는 것에 대해서 지족함을 보인 것
(출 2:21)과 같이 바울은 부친의 사업을 돕는 것에 흡족한 일상을 보
낸다. 그리고 이 깊은 주님과의 독대를 통한 10여 년이라는 긴 세월
속에서 바울의 종교 중독은 서서히 그의 몸에서 빠져나갔다. 주님을

의지하는 만큼 그는 육신의 영향권에서 멀어졌다. 마치 모세가 구원자로서의 집착에서, 40년의 광야 생활에서 서서히 벗어난 것처럼 말이다. 바울은 자신에게 일어나는 어떠한 사소한 일을 통해서도 철저히 주님의 말씀과 자신의 육신을 교환해 나감으로 신위적인 믿음을 수용하기 시작했다.

'기다림'에 대해 설명할 때면 주로 모세를 언급한다. 모세의 40년을 설명하면 대부분 어떻게 40년을 기다릴 수 있냐고 반문한다. 우리의 영안은 영원을 향하기에 이 세상의 잣대로 볼 수 없는 시간을 잴 수 있다. 하나님께서는 이스라엘에게 땅을 허락하시기 위해서 70명의 야곱의 식솔이 430년 후에 200~300만 명이 될 때까지 기다리셨다고 볼 수 있지만, 더 중요한 점은 그 땅을 이미 차지하고 있었던 가나안 일곱 족속들이 더 이상 그 땅을 차지할 수 있는 명분이 없어질 때까지는 430년이 걸렸다는 사실이다(창 15:16). **하나님께서는 누구나 사용하실 수가 있고 누구나 내칠 수가 있다. 이런 하나님을 아버지라고 부를 수 있는 용기를 허락하는 것이 '믿음'이다.**

오늘날 우리가 당면한 중독은 심각하고 파괴적이고 우리를 황폐하게 한다. 일반적으로 남자들이 상담소를 찾는 비율은 여자들의 10퍼센트도 되지 않는다. 그만큼 남자들이 자신의 중독을 공개적으로 드러내는 일에 두려움을 느낀다. 한번 과감히 열어 보라. 만일 이 방법이 힘들면 성경적 상담을 하는 이에게 조언을 구하라. 일단 시도해 보면 하나님은 이미 당신의 마음을 읽으시고 벌써 준비하고 계셨다는 사실을 발견할 것이다.

통증

경화 씨는 어린이집 음악 교사다. 수동적인 부친은 죽음에 대한 염려로 가득했고, 그녀에게 항상 죄책감을 심어 주었다. 그녀는 서로에 대한 애정이 없는 부모님 사이의 거리감을 메우려고 여러 방법을 시도한 착한 딸이었다. 어머니는 그녀를 싫어했다. 경화 씨는 외톨이 아버지를 돌봐야 했기에 막상 자신의 일에는 집중을 못했다. 그녀는 일찍이 낮은 자존감에 시달렸다. 외로움에 사무쳐 날이 새도록 부모님 방 앞에 앉아 있었지만 아침까지 문을 열어 주지 않아 울다 깬 기억도 있었다. 그런 그녀가 상담을 온 이유는 산만한 네 살배기 아들을 통제하지 못해서였다.

다음은 상담을 마치고 난 후 그녀가 보내 준 일기의 일부분이다.

"한나 씨와의 상담을 통해서 그리스도와 연합해 새로운 피조물이 되었다는 것과 육신의 실체를 깨달았다. 무의식중에도 나의 출생에 대한 죄책감을 안고 있다는 사실을 하나님께서 보여 주셨을 때부터 얽혀 있던 실타래가 풀리기 시작했다. '태어나지 않았어야 한다'는 메시지는 나로 하여금 부모님이나 남들을 기쁘게 하는 '기쁨조 육신'을 만들었다. 학교에서도 나는 빨리 '이곳을 벗어나고 싶다' 또는 '이곳에 있으면 안 되는데' 하는 압박감에 공부에 소홀했고, 어설픈 결과와 실수만 연발했다. 뿌리 깊은 통증을 피하기 위해 나는 현실 도피를 했고 결과적으로 '태어나지 않았어야 한다'는 말에 상응하는 삶을 살아가고 있었다. 자포자기로 나는 수동적이고 순종적인 사람이 되었고 나의 의견을 표하는 것을 두려워했을 뿐만 아니라 남의 눈치를 보며 쉽게 남에게 이용당하고 무력감에 빠지며 사람에게 매달리고 안정감을 지나치게 탐했다. 남의 관심을 끌기 위해서 위기감을 조성하고 무기력에 빠져 자신을 저주하는 법을 배웠고, 끊임없이 자신에 대한 기대치를 높게 설정하였기에 항상 실패만 초래했다. 어떠한 도전도 피했고 온전해지는 것을 포기해 버렸으나 속으로는 여전히 좌절된 완벽주의자였기에 늘 방황했다. 도피하는 나의 습관 때문에 나는 늘 외로웠다. 스스로가 보잘것없는 존재로 느껴졌으니 대인 관계가 원만할 수가 없었다. 하나님이 아닌 타인으로부터 나의 근본적인 필요(안정감, 무조건적인 사랑, 용납감, 소속감, 삶의 의미)를 찾았으며 나를 사랑하는 이들에게도 불가능한 요구를 할 수밖에 없었다. 나의 이러한 필요를 채우기 위해서 타인에게 지나치게 요구하니 불협화음이 생기고 끊임없는 자기 집착은 주변인들을 넌더리나게 했다. 하나님께 감사드림은 하나님만이 그 필요를 채우신다는 사실에 대한 믿음(감정까지도)을 받아들이는 것을 배우고 있다는 사실이다. 비록 13년 전부터 믿어 왔으나, 이제야 그분이 나의 필요를 채우실 것이라는 깨달음이 왔다. 하나님께서 내가 이 사실을 믿기를 원하고 계심과, 독생자를 통해서 이미 이루셨다는 사실을 믿기까지 이렇게 오랜 시간이 흘렀다."

아내는 불행했던 경화 씨의 유년 시절을 하나님과 함께 제삼자로, 어른으로서 바라보며 아파했다. 그녀는 외로웠던 자신을 의지하는 아들을 소중하게 대했고 사랑했다. 그 아들을 통해서 어린 자신의 모습을 보았다. 천덕꾸러기로 버려진 자신을 바라보며 가슴이 저며 와 하염없이 눈물을 흘렸고 비로소 하나님과 함께 긍휼의 심정으로 자신을 품어 주기 시작했다. 그러자 그녀의 마음의 상처가 아물기 시작했다.

그 이후 그녀는 통증을 피하지 않고 있는 그대로 대면하고 수용하는 담대함을 보였다. 그녀는 상담을 마친 뒤 신앙 훈련을 받고 싶어 했다. 삶에 의욕이 생겼기 때문이다. 매주 주님 안에서 홀로 서기를 시도하며 도약에 도약을 거듭했다. 그녀는 아름다운 목소리와 뛰어난 기타 연주 솜씨로 1,000곡이 넘는 노래를 만들어 생일 파티나 어린이 학교에서 음악 사역으로 열심히 섬겼다.

10여 년이 지난 2005년 어느 가을, 동네 슈퍼 앞에서 유난히 얼굴이 환한 부인을 만났다. 바로 그녀였다. 베트남전 쇼크에 쩌들어 지내던 남편은 몇 년 전 그녀를 떠나갔고, 말썽꾸러기 아들은 이제 의젓한 고3이 되어 있다고 했다. 몰라볼 정도로 날씬하고 원숙하게 변화된 그녀의 손에는 여전히 기타가 들려 있었다.

통증은 문제 때문에 온다. 문제는 삶의 근본이 아니다. 눈에 보이는 문제와 마음으로 느끼는 통증에 초점을 맞추면 삶은 더욱 혼돈스럽다. 문제와 통증은 창조주 앞에 스스로의 힘으로 살아가는 한계를 나타내고 자기 파산을 일으키는 증세일 뿐이다.

통증은 믿음을 적용해서 '믿음에서 믿음으로 가는 기회'이기도 하다. 통증이 오면 육신의 유혹에 믿음이 흔들릴 수가 있지만, 이 통증은 믿음의 현주소를 밝히고 나의 주제 파악을 확실하게 하고 신앙의 순도를 가려 내는 지표다.

통증이 오면 우리는 선택의 갈림길에 서게 된다. 육신을 좇을지 아니면 성령을 좇을지에 대한 선택의 길목이다. 어떤 이들은 통증 때문에 상담을 시작하는 것을 주저하거나 상담을 중단하기도 한다.

통증은 하나님께서 우리 안에 심어 놓으신 네비게이터(navigator)다.
이를 통해 우리는 신체가 전달하려는 신호를 제대로 이해하고 문제의
원인을 발견한다. 이것이 통증을 주신 목적이다. 그러나 대부분의 인
생은 통증을 경감시키는 데 모든 에너지를 쏟는다. 육체적인 통증은
중독으로 확장되지 않으면 약물로도 어느 정도 조절된다. 그러나 심적
인 통증은 훨씬 깊이 숨어 있는 원인을 추적해야 한다.

　　통증이 절정에 이르렀을 때, 사방이 막혔을 때, 살아갈 소망이
산산조각 났을 때, 하나님께서는 우리가 문제의 핵심을 꿰뚫어 보고
본질을 파악해서 신위적인 믿음을 경험하기를 원하신다.

　　통증은 몸과 마음에 이상이 있음을 알려 주는 신경 조직의 반
사작용으로 하나님께서 우리 안에 심어 두신 선물이다. **살아 있다는 말
은 통증을 느낀다는 말과 통한다.** 통증을 느끼지 못하면 도리어 큰 문제
다. 'HSAN-4'(Hereditary Sensory and Autonomic Neuropathy-4)라
는 유전병을 가진 환자들은 통증과 온도 차이를 느끼지 못한다. 자신
의 팔이 부러지거나 발에 동상이 걸려도 느끼지 못한다. 심지어 음식
을 씹다가 혀가 물려도 느끼지 못한다. **정상적 삶을 위해 통증의 존재는
필수다.**

　　통증은 무조건적인 사랑, 소속감, 삶의 의미 등 우리의 내적인
필요가 충족되지 않았을 때 거부감과 동시에 느끼는 것이다. 열등감,
불안감, 죄책감 등의 통증이 없어지지 않으면 실망하거나 분노한다.
통증은 증상일 뿐 통증을 느끼는 것만으로는 죄를 짓는 것은 아니다.
어떤 이는 통증을 느끼는 것 자체를 금기시하여 억제하거나 부인한다.
어떤 이는 그리스도인이 통증을 느끼는 것은 믿음이 부족하기 때문이
라고 죄책감을 느낀다. 또 어떤 이는 통증은 참아 내야 하는 것이기에

극기하는 것이 신앙인의 삶이라고 곡해하기도 한다. 인생은 통증을 본능적으로 피하거나 줄이고 싶어 스스로 방법을 만들어 낸다. 심적인 통증은 통증 자체가 문제가 아니라 통증의 원인을 알아내어 근본적인 처치를 해야 한다. 통증 처치에 대한 솔로몬의 해답이다.

> 한 사람이나 혹 주의 온 백성 이스라엘이 다 각각 자기의 마음에 재앙과 고통을 깨닫고 이 성전을 향하여 손을 펴고 무슨 기도나 무슨 간구를 하거든(대하 6:29).

개인 또는 집단이 통증을 계기로 하나님을 발견하면 통증의 존재 이유가 완수된다. 역설적으로 솔로몬이 망한 것은 통증 때문이 아니라 통증에 둔감하게 만든 '번영' 때문이다.

통증이 왔을 때 제일 먼저 결론을 내려야 할 것은 솔로몬처럼 이 통증이 하나님께서 허락하신 것인지 아닌지에 대한 판단이다. 통증이 하나님께서 허락하신 바라면 통증을 대면하고 있는 그대로 느껴야 한다. **통증을 대면하는 것은 주님과 눈을 맞추는 것이다.**

> 백성들아 시시로 그를 의지하고 그의 앞에 마음을 토하라 하나님은 우리의 피난처시로다(시 62:8).
> 너희 염려를 다 주께 맡기라(=던지라)(벧전 5:7).

우리는 통증을 대할 때 눈물을 흘리는 모습보다는 참고 이기는 강한 모습을 원하고, 어떠한 대가를 지불하더라도 기분이 좋아지기를 바란다. 육신은 통증이 수반하는 죄책감을 원치 않아서 용서를 거부하며, 혹 자신이 버려질까 두려워 통증 해소를 원한다. 통증 경감은 성경적 상담의 주된 목적이 아니다. **통증은 성경적 상담의 시발점이 되어 육신의 정체를 밝히고 육신을 대면하는 시작이기 때문에 도리어 이전에 느끼지 못했던 통증이 생길 수도 있다.**

진정한 성경적 치유 사역은 행동의 변화를 가져오는 여타의 심리 치료와 구분이 된다. 통증을 없이 하는 것은 중요하나 그렇다고 해서 통증이 없어지는 것이 전부가 아니다. 오히려 통증이 그대로 살아 있을 때 하나님의 깊은 세계를 알 수 있다면 차라리 통증을 선택해야 한다. 통증에서 해방되는 것이 이 책에서 말하고자 하는 상담의 목적이 아니라는 이야기다. 당신이 감히 고통을 알기라도 하느냐고 묻더라도 대답은 마찬가지다.

통증은 견디기 힘들 만큼 고통스럽다. 그래서 많은 심리 치료사들은 통증을 덜어 주는 것만으로도 그게 어딘가라고 반문할 것이다. 절대로 그 통증을 덜어 주는 치료를 경시하는 것은 아니다. 단지 그 처절한 통증의 틈바구니에서 왜 하나님을 발견하지 못하는가 하는 점에 문제를 제기하는 것이다. 만일 우리가 상담이라는 도구를 가지고 통증에서 해방은 시켰으나 하나님을 깊이 만나 교제하는 디퍼 워크로 인도하지 못하면, 과연 하나님이 왜 그 절절한 아픔을 허락하셨는지에 대한 근원적 물음에 답하지 못한다.

현재 겪어 나가는 통증만으로도 버겁고 힘들다. 그런데 이 통증이 장차 올 영광에 접점이 되지 못한다면 이것보다 더 통탄할 일이 없다는 말이다. 믿음의 목표점은 단지 현재의 이 지독한 가난과 질병과 고난으로부터의 해방만이 아니다. 우리는 단지 떡으로만 사는 것이 아니기 때문이다. 이 세상에 왔다가 제대로 인간 대접도 못 받고 떠나

가야 하는 많은 사람들이 허망하게 잊히는 존재가 되면 말이 되겠는 가? 그러면 어찌 하나님이 공평하시다고 하겠는가? 이 세상에서 피나는 아픔 속에 있었다면 그 피비린내 풍기는 아픔 속에서 하나님의 임재하심을 뵙고, 비록 환경은 조금도 변하지 않았지만 죽음 너머의 세상을 보는 안목으로 이 세상을 경영하는 믿음의 삶을 살도록 인도하는 것이 이 책이 지향하는 목표점이다.

통증을 어떻게 해석하는가에 따라서 삶의 질 또한 달라진다. 통증은 개인적으로는 하나님의 살아 계심을 발견하는 도구가 되기도 하고 또 사회적으로는 인류의 문명과 문화를 다변화시키는 동력이기도 하다.

스스로의 방법으로 통증을 경감하기 위해서 자구책을 만들어 아픈 자신을 보호하려는 모든 방어기제를 '육신'이라고 정의했다. 통증을 경감하기 위해 만들어진 파괴적인 육신이 있는 한편, 언뜻 유익을 주는 듯한 교묘한 육신이 있다. 전자는 비교 의식, 시기, 질투 등의 감정이나 자기중심적 사고, 외모지상주의 등의 양상으로 나타난다. 후자는 일중독, 조종, 회피, 집착, 종교 생활 등의 양상을 띤다. 모양이 어떠하든 이 **모든 육신은 스스로 연명하기 위한 하나님으로부터의 독립을 의미한다.**

통증을 경감시키기 위해서 만들어진 육신을 따라 살면 열등감, 불안감, 죄책감이 잠시 없어지는 듯하지만 결국은 한계를 맞는다. 육신을 따라 살면 숨겨졌던 통증이 또다시 수면 위로 떠오르고 열등감, 불안감, 죄책감이 다른 환경을 맞아서 새로운 이차적 통증으로 몰려온다. 그러면 우리는 더 깊은 혼돈에 빠지며 통증 또한 더 강해진다. 따라서 통증을 경감하는 본연의 의무를 띤 육신은 또다시 하나님의 방법을 외면하고 이전보다 더욱 강해지는 악순환의 고리를 형성한다. 이러한 악순환의 삶을 이어 가면 육신은 가족 구성원에게로 점점 영역을 확장하여 대물림과 집단 육신으로 번져 가기에 영혼의 밤은 더욱 춥고 깊어져 간다.

이때 불신자는 더욱 강한 육신을 만들어서 스스로를 보호하려는 시도를 반복하며 각양 중독에 사로잡힌다. 인위적인 믿음으로 사는 신자는 이차적인 통증이 몰려오면 불신자와 유사한 반응을 보인다. 자신의 삶이 자유롭지 못하다는 사실에 민감하지 않기에 통증이 더해지면 종교 생활이라는 육신으로 발전되기 십상이다. 이는 심각한 유혹이다. 스트레스 많은 현대인의 삶을 종교 활동으로 위로받으려 하는 것이다. 종교 활동은 최저의 비용으로 최저의 통증과 최고의 효과를 내는 듯해서 하나님을 능히 대신할 수 있는 전형적인 우상숭배로 전락하기 십상이다.

통증을 대면할 때 흘리는 '눈물'에는 치유의 힘이 있다. 마음이 경직된 피상담자에게는 감정이 느껴질 때 억누르지 말고 자연히 올라오도록 두는 것이 치유의 중요한 과정이라는 점을 인지시킨다. 마음이 약할 때나 맺힌 한이 풀어질 때 눈물이 난다. 눈물은 상담자를 신뢰하고 하나님을 의지하기 시작하면 자연스럽게 일어나는 반응이다. 양파를 썰 때 나는 눈물과 슬플 때 쏟는 눈물은 화학적 성분이 다르다. 슬플 때의 눈물에는 스트레스, 호르몬 등으로 쌓인 독성이 미량으로 배출되기에 치유의 능력이 있다. 이와 같은 원리로 집단 '눈물 테라피'를 하기도 한다. 이처럼 눈물을 통해서 애통하는 자를 위로하시는(마 5:4) 방법이 얼마나 창의적인지 감탄하지 않을 수 없다.

주님께서 잡히던 밤에 통증을 어떻게 대하셨는지 주목해 보자. 주님은 극도의 통증을 가감 없이 있는 대로 느끼시고, 있는 그대로 제자들에게 표현하셨다.

내 마음이 매우 고민하여 죽게 되었으니 너희는 여기 머물러 나와 함께 깨어 있으라 하시고 … 아버지의 원대로 하옵소서 하시고(마 26:38-39).

오랫만에 상처 난 부위에 소금을 뿌리는 듯한 일들이 또 일어난다. 있는 그대로 통증을 느끼기 시작하자마자 '이번에는 도저히 통증이 없어질 것 같지가 않다'라는 느낌이 온다. 그 순간 또다시 더 깊은 절망이 눈앞에 만져진다. 심각하다. '그래, 이번에도 틀렸구나. 도무지 한 줌 빛도 보이지 않는 캄캄함이다.' 또다시 심해의 고요와도 같은 깊은 실망과 절망이 몰려온다. 버려진 듯 내팽개쳐진 느낌이다. 사방 어디에서도 희망이 보이지 않는다. 그러나 또다시 있는 그대로 통증을 느껴야 한다. **이제는 통증 속에서 기다릴 때다. 한 번 더 기다려 보라! 그러면 통증 뒤에 비겁하게 숨어 있었던 육신을 발견하게 될 것이다.**

통증은 죽음을 알리는 신호다. 육신이 죽고 영이 하나님 안에서 태어나는 해산의 고통이야말로 통증의 클라이맥스이며 통증은 육신이 십자가로 나아가는 유일한 길이다. 죽음은 삶의 시작이며, **지금의 통증 뒤에는 반드시 십자가로의 초대가 나타난다. 통증은 십자가 훼방꾼인 육신의 정체를 밝히는 하나님의 도구다.** 지금 혹 통증을 느끼고 있는가? 하나님의 귀한 초대다.

이제, 하나님의 임재하심 속으로 깊이 들어가자.

4장

영적 폭행과 영적 소진

영적 폭행

영적 폭행을 정의하면 '인간의 내면을 다치게 해서 하나님의 사랑을 느끼지 못하게 하는 폭행' 혹은 '강자가 약자에게 영적인 능력을 약화시키거나 해롭게 하는 결과를 낳게 하는 파괴적인 행위'다. 영적 능력이나 권위를 가진 사람이 영적인 능력을 필요로 하는 이에게 가하는 폭행이다. 영적 지도자가 특정한 목적을 위해 죄책감이나 압력을 통해서 복종케 하거나 조종하는 것을 말한다. 영적 폭행과 성폭행의 유사점은 피해자가 속수무책으로 당하고 일방적인 강요로 죄책감에 사로잡히며 심한 후유증을 앓는다는 점이다. 의도적이지 않더라도 인도자가 각자의 믿음의 분량(롬 12:3) 이상으로 짐을 지울 때 일어나는 일이다.

한국은 가부장적이고 군사 문화의 잔재가 남아 있어 사회 전반에 여러 종류의 폭력이 남아 있고, 아직도 이러한 폭력에 대한 대비는 허술하다. 상담자들도 영적 폭행을 피해 갈 수 없다. 불신자들이 믿지 않는 이유 중 첫 번째가 교인들의 그릇된 행동인데, 그러한 행동 중 영적 폭행이 차지하는 비율이 높다. 에스겔의 고발이다.

> 선지자들의 반역함이 우는 사자가 음식물을 움킴 같았도다 그들이 사람의 영혼을 삼켰으며 … 그 제사장들은 내 율법을 범하였으며 … 그 고관들은 음식물을 삼키는 이리 같아서 불의한 이익을 얻으려고(겔 22:25-27).

상담으로 가정을 회복한 부부가 감사의 표시로 우리를 초대했다. 이런저런 인사말이 오가던 중, 요즈음 신앙생활이 어떤지를 묻자 이렇게 답했다.

"40여 년 전 나는 신앙에 굉장한 열심을 품었지. 주일학교 선생님이 시키는 것은 무엇이나 열심히 따라했으니까 말일세. 고3이 되어 성경을 가르치기 시작했고 그 일을 정말 즐겼다네. 그런데 우리 교회에 내분이 생겼지. 에큐메니컬이라는 신학 때문이었어. 교회의 직분자들은 두 편으로 갈라섰지. 내가 보기에는 어느 한 사람도 이성을 가진 분으로 보이지 않았어. 다들 자신의 교리가 맞고 반대편 교리를 받아들이면 하나님의 교회가 무너진다고 했지. 그들의 갈등은 상상을 초월했다네. 내가 존경하는 주일학교 선생님도 이성을 잃으셨더군. 마침내 교회는 둘로 갈라졌고 나는 그 길로 교회를 떠났네. 그때 싸우던 장면들이 아직도 활동사진같이 남아 있고 내게는 환멸만 남아 있다네. 나 자신도 지우고 싶지만 그렇게 하기가 쉽지 않네."

어른들의 교리 논쟁이 감정 대립으로 치닫게 되자 순수하게 하나님을 목말라했던 자녀 세대의 신앙적 사모함이 자취를 감추었다. 간접적 영적 폭행이다.

이러한 예는 오늘도 빈발하는 영적 폭행 사례 중 하나이며 많은 신자가 영적 폭행에 시달리고 있다. 가해자로 또 피해자로 자의 반 타의 반 동참한다. 영적 폭행이 일어나면 교회 생활에 열심 없는 이들은 미련 없이 교회를 떠나나. 열심 있는 이들은 여전히 교회에 남아서 영적 폭행을 당한다.

직접적 영적 폭행(overt spiritual abuse) 이는 물리적 폭행과 유사하다. 다른 점은 피해자의 수동적인 태도에서도 원인을 찾을 수 있고, 소속된 교회의 분위기도 일조를 한다는 점이다. 소명감 강하고 카리스마 있는 영적 지도자가 일의 시종과 과정까지도 독단적으로 주장하고자 하는 충동을 하나님께서 주시는 '소명'으로 오해하고 영적 폭행을 시작할 확률이 크다.

　　하나님께서 우리 각자에게 경계와 구분(행 17:26)을 주신 것처럼 성장기에 어느 정도 자신의 영역이 반드시 주어져야 한다. 그것은 공간이나 능력이나 시간적인 여유이기도 하다. 성장기에 이러한 영역이 주어지지 않게 되면 억압된 욕구가 생기고 자기비판, 죄책감, 지나친 거룩을 강조하는 쪽으로 나타나기도 한다. 자책감을 하나님 안에서 제대로 소화하지 못하면 선한 행위로 포장이 되어서 그것이 사역으로 변형되어 직접적 혹은 간접적 영적 폭행을 일으킨다. 또 피해자가 비틀린 하나님관이나 신앙관을 가지고 있을 경우에도 영적 폭행에 쉽게 노출된다. 특히 수동적인 태도에 익숙한 이가 그러하다. 지나친 열심, 지나친 겸손 등 현실감이 부족한 경우에도 그러하다. 교회가 느낀 대로 표현하지 못하게 억압하는 분위기이거나 자신의 필요를 억누르고 타인의 필요를 지나치게 부각해서 극기의 삶을 강조하거나 자유로움이나 은혜를 추구하는 삶을 방종으로 판단하는 것도 영적 폭행의 원인이 된다.

　　간접적 영적 폭행(covert spiritual abuse)　　간접적 영적 폭행은 눈에 띄는 부도덕한 행위나 갈등과 같은 직접적 영적 폭행과 구별되는데, 오히려 직접적 영적 폭행보다 피해가 더 심할 수 있다. 영적 지도자가 잘못된 하나님관을 가지고 있으면 그의 동기가 순수하고 사심이 없고 비록 그의 생활이 헌신되어 있다 하더라도 회중에게 간접적인 영적 폭행을 가할 수 있다. 이때 지도자가 열심이고 진실할수록 회중과 주위 사람에 대해 끼치는 피해는 더욱 커진다. 영적 지도력은 해박한 지식이나 달변이나 카리스마라기보다는 '하나님의 성품'이다. 재능이 있으면 효과적인 사역을 감당하지만 인격이 성숙되지 못하면 그 부족함만큼 영적 폭행을 가할 가능성이 있고, 폭행을 받은 이들은 다른 이에게 또 다른 형태의 영적 폭행을 가하는 악순환을 형성한다.

만일 담임목사가 아래와 같은 내용을 이야기한다면 어떻게 받아들일 것인가?

"나는 2,000명의 교인을 섬기느라 가정을 거의 돌볼 수 없는 지경입니다. 1년 반이 넘도록 집에 들어가지 못한 시기도 있었습니다. 걸어서 7분이면 닿을 거리지만 너무 바빠서 집에 들를 시간이 없었습니다. 우리 큰아이가 대학 원서를 내기 위해서 나를 만날 때에도 면회 신청을 해야 할 정도였습니다."

누구나 자신의 일에 성공하고자 하는 욕망이 있다. 목회도 예외가 아니다. 새로운 목회를 시작하면 엄청난 스트레스와 시간에 쫓길 것이다. 그런데 이러한 삶은 자신의 선택에 따른 것이지 강요된 것은 아니다. 만일 바쁜 스케줄이 목회자의 일상이라는 지침을 세운다면 가정이나 배우자에 대한 책무는 등한시하게 된다. 교인들은 목회자의 열심으로 직접적인 피해를 입지 않겠지만 목회자의 가족은 큰 피해를 입는다. 만일 그 가운데 누군가 상처를 입게 된다면, 또 그러한 삶을 회중들이 배운다면 그 피해는 누가 감당할 수 있는가? 하나님이 감당해 주시는가? 그렇다면 하나님께서는 가정이 피해를 입는 한이 있더라도 교회를 성공적으로 부흥시키기를 원하시는 것인가?

목회자가 사심 없이 순수하게 뛰는데 교인들이 편히 자기 가정만 돌보면서 수동적으로 있을 수는 없다. 새신자가 이런 교회에 오게 되면 그 역시 바쁘게 교회 프로그램에 맞춰 지내게 된다. 분주하게 사역한 결과 양적인 팽창이 이루어지거나 결신자를 얻게 되면 하나님의 인도하심으로 정당성을 부여한다. 이는 또 바쁜 사역의 기폭제가 되어 브레이크 없는 질주가 계속된다. 한편 편히 신앙생활하는 교인들은 죄책감을 갖게 되는 불문율이 생기고 만다. 이러한 불문율이 크면 클수록 그 교회는 영적 모임을 갖지 못한다. 불문율이 큰 모임에 들어가서 관계가 형성이 되면 불문율이 서서히 목을 죄어 오기에 깊은 수렁으로 들어가는 자신을 인식하지 못하게 된다. 불문율을 어긴 이는 부지불식간에 교회 중심 멤버들로부터 간접적이고 미묘한 거부를 받게 되어 상처의 부위가 깊어진다.

영적 폭행이 지속되는 이유는 무엇일까? 첫째, 가부장적 가정에서 자란 사람들이나 잘못된 가르침을 받은 사람이 윗사람들에 대한 복종과 순종을 구별하지 못하면 그러하다. 유대인 집단 학살을 명받은 히틀러의 부하들이 권위와 질서에 순종하라는 성경 구절을 따라 명을 따르는 것이 옳은가? **순종은 하나님 안에서 해야 한다.** 하나님의 성품과 원리 원칙을 벗어나서 파괴적인 수준에 이르면 하나님께 지혜와 피할 방법을 구해야 한다. 예를 들어 바로가 히브리 아들들을 죽이도록 산파들에게 명했으나 하나님을 두려워한 산파들은 바로를 속였다.

둘째, 과잉보호 속에서 자라면 정체성 부족으로 지도자 의존도가 높으며, 영적 폭행을 당하면 더욱 무력해지고 홀로서기를 하지 못한다. 이런 이가 교회에 와서 공동체와 성도 간의 교제의 중요성을 강조하는 가르침을 받으면 홀로 서는 방법을 배우지 못한 상태에서 영적 폭행을 당해 더욱 무기력해진다. 신앙의 근본은 독립적인 동시에 공동체적이어야 하는데, 공동체적인 면만 강조하면 자신이 가진 달란트를 계발하지 못하고 지도자만 의지하게 되어 웬만큼 피해가 심각하지 않으면 빠져나오지 못한다. 영어 표현 중 'Learned helplessness'는 '학습된 무기력'을 말한다. 무기력에 익숙해진 상태를 의미한다. 모든 관계를 끊고 벗어 나오는 것이 두렵고, 빠져나가 봐야 별로 나을 것이 없을 것이라는 생각에 차라리 그 상태에 주저앉고 만다. 폭력적인 관계에서 빠져나오지 못하는 대부분의 관계가 그러하다. 그래서 외부 개입이 필요할 때가 있다.

셋째로 지도자가 양적인 부흥에 초점을 두면 회중을 여러 가지 방법으로 종속시키려고 한다. 자본주의 구호처럼 더 많이 더 빨리 더 높이 더 멀리를 외친다. 엄청난 압박이다. 누가 양적인 부흥을 원치 않을 것인가? 지도자가 양적인 부흥에 마음이 있으면 이러한 유혹에 빠지기 쉬우며, 그 결과 영적 폭행의 피해자가 나오기 쉽다. 이런 경우 교인들에게 자괴감과 거짓 죄책감을 심어서 독립하지 못하게 한다. 마찬가지로 소그룹 운동 지도자도 동일한 유혹을 받을 수 있다. 특히 서로 간의 신앙생활을 간섭함으로 삶을 성화해 나간다는 이론은 유혹에 약한 이에게는 유익하나 장점보다는 단점이 많다. 영적 지도자는 회중 각자의 영적 독립과 성장에 우선순위를 두어야 한다.

영적 폭행을 감지할 때는 분별하고 저항해야 한다. '체면 문화'라는 육신이 주도하는 한국 사회에서 아닌 척 참으며 지내거나 '시간이 지나면 말겠지' 등의 합리화를 배척하고 과감히 자신의 느낌에 정직히 대면해야 한다. 영적 폭행을 참는 것이 의롭다는 생각을 버려야 한다. 무조건 덮고 십자가 앞에 내려놓으면 하나님께서 지도자를 처리하실 것이라는 생각은 가해자나 피해자 모두 신위적인 믿음을 경험하는 시간을 유예시킨다.

봉사를 억지로 시키는 것도 영적 폭행의 일종이다. 억지로라도 봉사를 하면 하나님께 축복을 받는다는 이론은 성경적이지 않다. **하나님은 어떤 경우든 '믿음의 분량'만큼 자원하는 심령을 원하신다.** 만일 분량 이상이라고 느끼면 거절하는 용기가 필요하다.

영적 폭행에서 회복하려면 폭행을 당했다는 사실을 자각하고 영적 폭행이 어디에서 누구를 통해서 어떻게 온 것인지를 먼저 인식하는 것이 중요하다. 특히 자신의 육신이 어떻게 영적 폭행에 동참했는지를 분별하는 것은 결정적이다. 그리고 폭행을 당했다는 사실을 주님께 먼저 털어놓아야 한다. 가해자에게 상처받은 사실을 이야기하되, 사랑의 마음으로 대면해야 한다. 이를 통하여 수동적인 피해자 위치에서 독립된 인격체로 건강한 자신감을 회복할 수 있고 가해자도 자신의 육신을 대면하는 기회를 가지게 된다. 피해자는 죄책감과 수치감을 동시에 느끼기에 잘못된 죄책감인지 아닌지를 분간해야 한다.

자신의 어떤 육신이 영적 폭행을 당하도록 했는지 파악하고, 이 사건을 계기로 하나님을 더 깊이 알고 가까워지는 시간을 보내며 자신의 독립적인 정체성을 발견하면 비로소 영적 자유를 경험할 수 있다.

영적 소진

영적 소진은 일반적으로 전심을 쏟는 일에서 오는 육체적, 지적, 감정적, 정신적, 사회적, 전인격적인 피로 및 탈진 상태를 말한다. 사전에서 소진은 "장기간 스트레스나 과로로 인해 심신이 지친 상태"라고 정의된다. 증상으로는 영적인 일에 무관심하거나, 냉소적이거나, 부정적인 반응을 보이게 되며, 열심 있는 신앙인을 피하거나 그들을 공격하는 양상을 보인다. **육신의 궁극적인 목적은 내가 가진 모든 자원이 고갈될 때까지 스스로의 지혜나 피조물을 의지하게 함으로써 하나님을 불신하게 하는 것이다.**

"당신 자신을 믿으라"는 권유가 팽배해진 사회가 되었다. 이 말은 "확신을 가지라"는 말과 혼동되는데 현실 세계에서 어느 정도의 효용이 있어 보인다. 그런데 성경은 분명히 말한다. "자기의 마음을 믿는 자는 미련한 자요 지혜롭게 행하는 자는 구원을 얻을 자니라"(잠 28:26). 나의 모든 것이 동이 날 때까지 육신은 철저히 나를 지배하고, 그 결과 영적 소진이 일어난다.

21세기를 맞은 한국 사회에 가장 팽배한 현상 중 한 가지가 바로 이런 유의 소진이다. 이 소진은 급속한 경제 발전과 맞물려서 교회 안팎으로 만연하다. 영적 소진에 허덕이는 교회는 경제 발전이라는 동일한 급류에 휘말렸기에 사회를 이끌어 갈 동력을 잃는다. 복음주의자(Evangelicals)는 글자 그대로 '전도하는 무리'이기 때문에, 신위적인 믿음으로 '전도'라는 거룩한 사명을 감당하지 못하면 태생적으로 쉽게 영적 소진에 내몰린다. 특히 두 마음이 아니라 전심으로 하나님을 섬기는 복음주의자일수록 더욱 그러하다. 지난 30년간 신실했던 복음주의 지도자들의 탈선도 이 점과 무관하지 않다.

영적 소진으로 지친 이들이 영혼의 회복과 쉼을 찾아 새로이 찾아 나선 교회도 영적 소진에서 전혀 자유롭지 못하다. 교회 모임에서 잘 논의되지 않는 두 가지 주제가 있다. 바로 영적 소진과 영적 폭행이다. 전자는 열심을 가지고 사역에 동참하다 생기는 일이고, 후자는 영적 지도자의 죄나 실수로 생긴다. 이 두 사건은 독립적으로 일어나기도 하고 영적 소진이 먼저 와서 영적 폭행으로 이어지기도 하고 그 반대도 가능하다. 슬픈 사실은 수많은 영적 지도자가 영적 소진을 겪고 있으며, 교회의 황폐화의 중심 원인이 바로 이 영적 소진이라는 점이다.

　　대학 동창을 만나서 이런저런 얘기를 나누다 교회 생활이 어떤지 묻자 요즈음은 교회 출석 인원이 많이 줄었다고 답한다. 그가 다니던 교회는 지역에서 제자훈련 사역을 범 교회적으로 시작한 대형 교회였다. 그는 교회 건축 문제로 마음이 상해서 출석을 하지 않는다고 했다. 다분히 지친 기색이었다. 이와 유사한 문제로 지친 신앙인을 발견하기란 어렵지 않다. 그는 영적 폭행을 당했고 이제는 영적 소진으로 감각조차 잃은 상태였다.

　　열심으로 교회를 섬기던 이들이 더 심각한 영적 소진을 겪는다. 설교, 기도, 큐티, 제자훈련 등 삶의 중심에 있었던 그 모든 것이 무의미하게 여겨진다든가, 교회 생활에 전혀 감동이 없다든가, 심지어 전도하던 대상이 결신했다는 소식을 듣더라도 내심 별 감동이 느껴지지 않는다면 그 사태가 심각하다. 처음 주님을 알게 되어 열띤 관계를 유지하다가 열정이 식고 또 재충전되고 하는 반복이 생기는 것은 관계에서 으레 일어날 수 있는 일이지만, 그 관계가 점점 식어 가고 마침내 아무런 감흥조차 느낄 수 없게 되었다면 그것이 바로 영적 소진의 상태다. 심심치 않게 터져 나오는 교회 내의 비리 문제와 연관되어 일어나는 경우도 그러하다.

　　영적 소진이 생기는 원인은 다음 여섯 가지 중 하나 혹은 복수의 원인에 의해 발생하는 현상이다. 이제부터 각각의 원인과 해결책을 살펴보겠다.

　　반복적인 자극　조기 교육이 한창이다. 이른 나이부터 반복적인 학습을 강요받아서 과도하게 공부하면 차츰 공부에 흥미를 잃게 되기 마련이다. 어떤 아이들은 강요가 아니더라도 일찍이 스스로 공부를 열심히 할 수도 있지만 적절한 조절 없이 공부에만 몰입하다 마침내 흥미를 영영 잃어버릴 수 있다. 같은 일을 능동적으로 반복하더라도 창조적인 접근과 절제가 필요하다.

신앙생활은 외향적으로는 종교 생활과 별 차이가 없어 보이나 그 내용은 판이하다. 동일한 설교를 들어도 그 깊이를 다르게 적용하고 판단하기에 소진이 오지 않는다. 반면에 종교 생활은 율법적으로 해야 되거나 하면 안 되는 일로 양분되기에 삶이 단조롭고 소진이 오기 쉽다. **신앙생활은 기쁜 마음으로 자원하되 믿음의 분량대로 하면 소진되지 아니하고 오히려 성장이 지속되는 삶을 경험할 수 있다.** 그러나 특히 복음주의자의 경우 전도나 외적 팽창을 중요시하다 보면 쉽게 영적 소진을 겪는다.

특별한 열심(특심)   열매 맺기 위해서는 어떠한 일이든 관계든 반드시 '열정'이 필요하다. 아무리 유능해도 열정이 없으면 흡족한 결과를 거둘 수 없다. 그러나 특별한 열심(특심)은 자칫 곁길로 빠질 위험이 있다. 성경에 스스로 특심이 과했다고 고백하는 세 사람이 있다. 바울된 사울, 사울 왕 그리고 엘리야다. 그들은 특심이라는 전력질주를 택했다. **너무 일찍 과도하게 꽃이 피면 소진이 빨리 온다.** 육신인 특심은 처음에는 보기 드문 열매를 맺지만 장기적으로 효과가 급격히 떨어진다.

결과가 기대에 못 미침   아무리 분주하더라도 자신이 기대한 결과가 나오면 쉬 지치지는 않는다. 하루에 수천 개의 빵을 직접 손으로 굽는 동네 제과점 주인의 고백이다. 그는 매일 반복하는 일임에도 10여 년을 전혀 지치지 않고 가게를 꾸려 나간다. 자신이 기대한 이상의 벌이가 되고 있기 때문이라는 고백이다. 기대치를 어디에 두는가에 따라 영적 소진의 시기가 결정된다.

지난 30년 동안 복음주의 일꾼들 중에 영적 소진을 경험한 이가 많은 이유는 결과치가 기대 이하였기 때문이다. 태생적으로 전도와 부흥이라는 외적 팽창에 주안점을 두고 신앙생활을 하는 복음주의자가 많이 겪는 문제다. 외적 팽창은 항상 기대에 미치지 못한다. 태생적인 결함이다. 또 외적 부흥에 대한 기대에 턱없이 못 미치는 내적 열매에 좌절한다. 그리고 그 황폐한 틈바구니로 외도나 야망 등이 들어오면 영적 폭행과 영적 소진이 함께 진행된다.

주님은 이러한 우리를 잘 아시기에 가나안에 진군하는 여호수아가 절대로 한 번에 모든 땅을 차지하지 않게 하셨다.

> 그러나 그 땅이 황폐하게 됨으로 들짐승이 번성하여 너희를 해할까 하여 일 년 안에는 그들을 네 앞에서 쫓아내지 아니하고 네가 번성하여 그 땅을 기업으로 얻을 때까지 내가 그들을 네 앞에서 조금씩 쫓아내리라(출 23:29-30).

대신에 그들이 충분히 소화할 수 있는 양만큼 조금씩 허락하신다. 이는 "믿음의 분량대로"(롬 12:3)와 짝을 이루는 말씀이며, 승리하게 될 경우 우리가 좌로나 우로 치우치지 않게 인도하는 방식이다. 진행 속도가 빠르면 우리의 육신이 주장하기 시작하고 또 우리가 가진 특심을 가지고 진행하면 지나친 기대치 때문에 소진이 오기도 한다. 선한 일을 하는 이들이 공통적으로 가지고 있는 취약점이다.

사역의 결과가 기대 이상인 이들 역시 사역의 공황(恐慌) 혹은 공동(空洞), 즉 지친 영적 상태로 인해 불륜에 빠진 경우도 많다. 성공형 육신이 가진 아킬레스건이다. 이와 같은 함정에 빠진 주변 이들을 자세히 살펴보면 외적으로 성공한 사역이라고 해서 반드시 영적 소진과 무관하지는 않다. 사역의 목표를 전도나 선교 등으로 잡고 매진할 경우 이러한 함정에 빠지는 경우를 심심치 않게 목도한다. 특히 사역의 깊이가 얕아지면, 즉 영성을 소홀히 하면 영적 소진을 겪을 확률이 훨씬 높아진다. 전도만 하면 성화가 동시에 따라올 것 같은데 현실은 그렇지 않다. "자신이 도리어 버림을 당할까"(고전 9:27) 두려워하는 근본적인 고백은 전 인격적인 구원에 대한 바울의 통찰력이다.

외적인 결과만큼 영성이 따라 주지 않을 경우, 불안감 또는 실망감으로 채워지기 때문에 영적 소진은 시간문제다.

비본질적인 신앙생활　선교사 지망생인 한 학생이 시카고 휘튼대학 입학을 거부당하자 신앙 자체를 버렸다. 신앙생활은 밖으로 드러나는 사역에 있지 않고 내적인 거룩함을 이루어 가는 여정임을 가르쳐 주지 못한 내 실수도 한몫을 했다. 이 일을 계기로 한동안 깊은 고민에 빠졌다. 진정한 부흥이 무엇이며 선교가 무엇이며 전도가 무엇인지를 묵상하는 기회가 되었다.

우리는 자신의 소명에 대해서 여유를 가지고 기도해 보지만 외형적이고 비본질적인 업적에 대한 집착은 우리로 하여금 영적 소진에 이르게 한다. 비본질적인 것에 매진한 결과가 다행히 신통하지 않다면 그래도 반듯한 믿음의 세계를 볼 기회가 주어지겠지만, 만일 결과가 계속 좋았다면 어떻게 되었을 것인가를 생각하면 몹시 끔찍하다. 어쩌면 비본질적인 것을 좇다가 영적 소진을 겪는 것이 알맹이 없는 성공 가도를 달리다가 더 이상 돌이킬 수 없는 상황을 만나는 것보다는 낫다.

휴식의 부재 마라톤을 준비하려면 나흘은 단거리를, 하루는 힘에 부치는 장거리를, 그리고 나머지 이틀은 휴식하는 주법으로 단계적 훈련을 한다. 선한 일도 절제와 쉼을 가지는 것이 중요하다. 안식일이 있는 이유도 그러하다. 건강 식사법 중 간헐적 금식(intermittent fasting)이 오히려 장기간의 금식보다 유익하며, 콜레스테롤이나 당 수치를 떨어뜨리고 요요 현상이 없어진다는 보고를 보아도 쉼의 중요성을 잘 알 수 있다.

가장 효과적인 삶의 방식은 '바른 휴식'을 취하는 것이다. 비록 영혼의 밤은 혼돈의 시간이지만 영의 눈으로 보면 쉴 수 있는 시간이다. 멈춤 없이 질주하는 성공보다는 영적 소진으로 캄캄한 영혼의 밤에 주님을 만난다면 오히려 질주하는 성공과는 비교가 되지 않는 또다른 영적 반전의 시간을 보내게 될 것이다.

인위적인 믿음 선한 일에 열정을 쏟다가 소진이 오는 경우는 그 후유증이 오래 지속된다. 젊어서부터 전심전력으로 주님을 섬긴 이들 중에 이런 경험을 하는 이가 흔하다. 특히 폐쇄적인 교회에서 설교하지 않는 열린 비밀 중 한 가지가 영적 소진이다. 젊고 감수성이 예민하고 뜨거운 열정으로 신앙생활을 했던 이들이 영적 소진을 겪고 냉소적으로 변질되는 경우를 목격한다.

많은 이가 영적 소진의 후유증을 묻어 둔 채 평생을 살기도 하고 어떤 이들은 자신들의 영적 소진에 대해서 마음을 열고 도움을 받아 예전의 열정을 회복하고 신위적인 믿음으로 살아가기도 한다. 또

어쩌다 이런 영적 냉각기에 접어들었는지에 관심조차 없는 이들도 있다. 그들은 현재의 식은 열정에 대해서 죄책감 내지 미안함을 느끼기는 하지만, 열심인 사람들에 대한 긍정적인 태도를 갖지 않는다. 왜냐하면 그들은 신위적인 믿음이 현실에 적용되지 않는 탁상공론이라는 결론을 내렸기 때문이다.

신약에서 신위적 믿음의 부재로 영적 소진 증세를 보이는 이가 있다. 음식 준비로 분주했던 마르다다. 자신을 도와주지 않는 마리아에 대해 예수님께 분노를 표하는 장면은 전형적인 영적 소진의 전조다. 구약에서 영적 소진 증상을 보인 인물은 엘리야다.

엘리야는 특심이란 육신으로 영적 소진을 겪고 또 완전히 벗어나는 과정을 잘 보여 준 성경의 대표적 인물이다. 엘리야는 영적 소진으로 닥친 영혼의 밤이 오히려 우리에게 복된 시간임을 알려 준다.

위에 열거한 6가지 원인 중에 엘리야의 영적 소진은 휴식 부족, 지나친 열심과 인위적인 믿음이 복합적으로 작용했다.

그는 북방 왕국 아합 왕의 폭정에 대해 신전포고를 했고, 열왕기상 17장부터는 지하로 잠적하면서 사역을 계속했다. 3년이 지나 엘리야는 본격적으로 아합 왕에게 정면으로 대항했다.

엘리야는 처음 3년 동안은 잠적하여 아합과의 대면을 피했다. 비상한 두뇌를 가지고 있는 이세벨의 포위망을 교묘히 피하면서 하루하루를 믿음으로 살아온 그였다. 경계 태세로 살아온 3년, 그는 육체적으로 많이 지쳤다. 현실 정치에 뛰어든 그가 막강한 이세벨의 수하 곧 바알을 좇는 450명의 거짓 선지자들과 겨루어 하늘에서 불이 쏟아지는 전무후무한 경험을 하고 승리한다. 이 승리 과정에 그는 자신의 칼로 그 많은 이를 처단하는 일에 참여한다. 450명을 처단했다는 것은 엄청난 부신 호르몬이 그의 혈관 속에 분비되었다는 말이고 상상 이상의 에너지가 소모되었다는 말이다. 마침내 마지막 한 방울의 에너지까지 다 소진한 것이다. 철저히 지쳐 있는 그에게 정치 9단 이세벨의 한 마디는 엘리야를 순식간에 탈진시킨다.

그녀의 엄포가 깊이 잠재해 있었던 엘리야의 육신을 건드렸다. 그는 죽음이 두려웠다거나 이세벨의 권력에 공포심을 가졌다기보다는 자신 속에 육신이 존재한다는 사실에 철저히 실망했고 절망했다. 특심은 육신의 무서운 병기다. 자기 홀로 남았다(왕상 18:22)는 생각, 자신 외에는 아무도 없다는 고유성(固有性)은 특심을 발휘하게 하고, 하나님과 무관하게 매진할 수 있는 동기를 부여하며 엄청난 에너지를 생산하고 집중하게 한다.

> 그가 대답하되 내가 만군의 하나님 여호와께 열심이 유별하오니 이는 이스라엘 자손이 주의 언약을 버리고 주의 제단을 헐며 칼로 주의 선지자들을 죽였음이오며 오직 나만 남았거늘 그들이 내 생명을 찾아 빼앗으려 하나이다(왕상 19:10).

바울 된 사울도 이 특심으로 교회를 핍박한다. 그 고유성이 하나님의 일과 연결되면 엄청난 추진력으로 인하여 결과가 성공적일 확률이 높다. 엘리야는 성공 뒤에 오는 시간에 대한 대처가 턱없이 부족했다. 인위적인 믿음이다. 그런 엘리야가 과연 어떻게 영적 소진에서 벗어났는지 살펴보자.

독대 철저하게 지친 엘리야에게 가장 필요한 것은 먼저 혼자만의 시간이었다. 자신 곁에 붙어 다니던 사환도 떼놓고 잠시 모든 것을 중단한 채 생각할 시간이 필요했다. 그것은 현실도피가 아니었다.

> 그가 이 형편을 보고 일어나 그 생명을 위해 도망하여 유다에 속한 브엘세바에 이르러 자기의 사환을 그곳에 머물게 하고 자기 자신은 광야로 들어가 하룻길쯤 가서 한 로뎀나무 아래에 앉아서 자기가 죽기를 원하여 이르되 여호와여 넉넉하오니 지금 내 생명을 거두시옵소서 나는 내 조상들보다 낫지 못하나이다 하고(왕상 19:3-4).

자신 속에 감추어져서 스스로도 알 수 없었던 육신을 직면하고 절망한 엘리야는 주님과의 독대 시간이 필요했다. 자신의 인생에서 가장 곤고할 때에 심복마저 떼어 놓고 사람이 아닌 하나님께 자신의 감정을 열어 보였다는 기록에서 엘리야의 탁월한 영성이 엿보인다. 그가 받은 훈련과 하나님과의 관계를 잘 보여 주는 대목이다.

엘리야가 선지자다움을 보여 주는 마지막 장면이 바로 자신의 결점을 스스럼없이 인정하고 죽기를 자원하는 장면이다. 하나님께서 존재하지 않으시면 자신의 존재 이유도 없어지고 어떠한 화려한 사역도 아무 의미가 없음을 경험했다. 그가 진실을 드러내자마자 하나님께서는 준비된 작업을 한 치의 빈틈없이 아래와 같이 진행하셨다.

휴식 지칠 대로 지친 그에게 하나님께서는 먼저 조용한 곳에서 먹고 마시고 자고, 또 먹고 마시고 자게 하셨다. 이는 영적 소진을 해결하는 첫걸음이다.

로뎀나무 아래에 누워 자더니 천사가 그를 어루만지며 그에게 이
르되 일어나서 먹으라 하는지라 본즉 머리맡에 숯불에 구운 떡과
한 병 물이 있더라 이에 먹고 마시고 다시 누웠더니 여호와의 천사
가 또다시 와서 어루만지며 이르되 일어나 먹으라 네가 갈 길을 다
가지 못할까 하노라 하는지라 이에 일어나 먹고 마시고 그 음식물
의 힘을 의지하여 사십 주 사십 야를 가서 하나님의 산 호렙에 이
르니라(왕상 19:5-8).

성경은 이 단순한 육체의 필요를 정확히 기록하고 있다. 아무리
신앙이 좋아도 육체적인 필요를 무시하면 대화의 수칙에 어긋난다. 금
식할 때가 있고 먹을 때가 있다. 천사가 그를 어루만졌다는 표현은 압
권이다. 마사지다. 그것도 천상의 마사지다. 그것도 한 번이 아니고 두
번씩이다. 놀랍지 않은가? 하나님께서는 정확히 우리의 필요가 무엇
인지를 알고 계신다. 일단 위로를 하고 난 후에는 음식으로 원기를 회
복시키신다. 그것도 숯불구이다. 최초의 숯불구이에 대한 성경적 기
록이다. 이는 요한복음 마지막 장에 밤이 맞도록 헛수고를 한 7인의
제자들에게 제공하신 예수님표 숯불생선구이에 필적한다. 탈진한 그
에게 더없이 안성맞춤인 정갈한 탄수화물에다 정제된 물이다. 아무도
거역하지 못할 기막힌 음식 콤비네이션이고 룸서비스다. 먹고 마시고
자는 것도 한 번이 아니고 두 번이나 반복된다. 엘리야에게 이런 육체
적인 채움이 반드시 필요하기 때문에 두 번을 반복하신다.

묵상 철저히 쉬고 난 후에 준비된 엘리야는 평소의 습관대로 긴
묵상의 시간을 가진다. 그 하나님에 그 선지자다. 자신의 전 인생을 되

새김하는 긴 묵상의 시간 'Quiet Time'을 가진다. 그것도 40일 동안이다. **영적 소진에서 벗어나기 위해서는 절대적으로 '시간'을 확보하는 것이 필요하다. 바로 묵상의 시간이다.** 평소에 훈련되지 않은 이는 영혼의 밤이 와도 이 시간을 100퍼센트 이용하지 못한다. 현대인은 시간이 주어져도 무료함을 견디지 못해 중독에 빠져든다. 그러나 엘리야는 선지자답게 자신에게 주어진 시간을 최대한으로 활용한다.

엘리야는 충분한 휴식을 거치고 난 뒤 묵상의 시간을 통해서 자신의 영적 소진이 어디에서 기인했는지를 정확히 짚어 낸다. 즉, 자신의 특심이 화근이었음을 발견한 것이다(왕상 19:10). 그런데 그의 묵상범위는 거기까지다. 여전히 자신이 유일한 하나님의 종이라고 생각한다. 이제부터는 하나님의 적극적인 개입이 이루어진다.

신위적 믿음　엘리야는 심지어 하나님의 세미한 음성을 듣고 나서도 자신의 행동을 해석하지 못한 듯하다. 그러자 하나님께서는 너 혼자가 아니라 아직도 바알에 무릎을 꿇지 않은 칠천의 하나님의 백성이 있음을 알리시며 후계자로 엘리사를 세우셔서 엘리야로 하여금 특심에서 벗어나게 하신다.

자신의 지나친 열심이 육신임을 깨닫고 파멸로 이어지려는 절망의 순간, 인위적인 믿음에서 신위적인 믿음으로 건너간 것이다. 엘리야는 자신의 몫과 후임자의 몫이 무엇인지 이해하기 시작했고 비로소 영적 소진에서 벗어난다. 철저한 하나님의 일하심 덕분이다. 영적 소진을 겪지 않았으면 끝내 몰랐을 그 하나님의 세계를 엘리야는 경험한 것이다. 그는 신위적인 믿음을 받아 에녹 이후 살아생전 승천의 영광을 누리는 유일한 사람이 된다.

2부

영혼의 밤을 지날 때

1장

십자가의 비밀

죽음에 이르는 병

키르케고르(1813-1855)는 평생 그리스도인이 가야 할 한 방향만 추구했던 덴마크의 실존주의 철학자다. 그 역시 영혼의 밤을 철저히 겪었다. 통증의 마지막 관문인 '절망'에 관한 그의 견해는 탁월하다. 덴마크의 신학자이자 역사가이며 시인인 그룬트비 목사(1783-1872)와 동시대 인물로 42년의 짧은 생애를 살면서 그가 전 인격적으로 부딪친 명제는 실존주의 철학이 아니라 "어떻게 하면 더 진실한 그리스도인이 되는가?"였다. 그가 평생을 이 주제로 씨름했던 배경은 부친의 신앙관이 한몫을 했고, 또 부유했던 부친의 유산으로 평생을 일하지 않고 살았기 때문이다. 부친은 두 가지 이유로 평생 죄책감을 가지고 살았다. 하나는 젊은 시절 먹을 것이 없어서 하나님을 저주했던 죄, 또 하나는 나이 들어 키르케고르의 모친과 혼외정사로 여러 자녀를 낳은 것 때문이었다. 많은 재물을 소유했어도 그의 부친은 경건한 삶을 죄책감과 동시에 지고 살아갔고, 키르케고르 역시 일종의 저주인 양 42년을 그렇게 불안과 죄와 씨름하며 살아갔다.

키르케고르는 기묘한 신앙의 편린(片鱗)을 경험하고, 마침내 절망이라는 거대한 괴물과 싸워 기가 막힌 역설로 깊은 신앙의 세계를 표현했던 신자였다. 그의 모든 저작은 절망에서 비롯된 부산물이다. "죽음에 이르는 병"인 '절망'의 끝자락에 좌정하시는 하나님을 만나지 못하면 인생은 무의미하다는 것이 그의 결론이다. 단순한 명제로 평생을 부딪친 "절망하라"는 그의 절규가 이제 21세기 번영과 풍요 속에 있는 신자에게는 절실한 화두다. 그의 절규는 욥의 고백과 유사하다.

사면으로 나를 헐으시니 나는 죽었구나 내 희망을 나무 뽑듯 뽑
으시고(욥 19:10).

오히려 그는 평생을 물질적인 부요 속에 살았기에 스스로 절망
을 추구하지 않으면 희망 없음을 알았고, 그래서 자신이 유일하게 하
나님과 통할 수 있는 길이 절망이라는 사실에 감사했을 것이다.

번영이라는 우상을 찬송하는(신 31:20, 사 66:3) 21세기에는 어떻
게 하면 절망을 피하는가가 삶의 절대적인 과제다. 이 질문에 의문을
품는 자체가 신성모독으로 여겨지는 세태가 되었다. 많은 젊은이들이
자살을 택한다. 절망을 대면하지 못했기 때문이다. 세상은 번영을 사
랑하지만 절망이라는 십자가의 메시지는 철저히 미워한다(요 15:19).
교회도 예외 없이 번영, 행복, 성공이라는 우상을 꿈꾼다. 그러나 번
영이 현실이 되면 교회는 죽음의 길로 접어든다. 몽테스키외는 로마
에 해악이 된 것은 바로 공화국의 번영이었다고 선언한다. 마침내 번
영이 왔고 최고의 행복 국가가 되어 번영이라는 괴물이 현실로 등장했
을 때 덴마크 교회는 맥없이 주저앉았다. 번영이라는 괴물을 대할 때
키르케고르의 "절망하라"는 선언은 선견지명이다. 그에게 다가온 절
망이라는 단어를 이 책의 주제인 영혼의 밤과 비교해 보면 흥미롭다.

절망은 인생이 하나님에게 눈을 돌릴 절호의 기회다. 어쩌면 인생이
가진 유일한 기회라고 하자! 이전의 수많은 기회를 날려 버린 인생에
게는 신위적인 믿음을 가질 절호의 기회가 절망하는 그 순간이다. 그
때 하나님께로 눈을 돌리는 것이 바로 눈 맞춤이다. 광야에서 불순종
하다가 불뱀에 물린 이들이 극심한 통증 속에서 낫기를 간구했을 때
한 행위가 바로 놋뱀과의 눈 맞춤이다. 저주하며 주님을 부인했던 베

드로가 주님 말씀대로 세 번째 닭이 울자 주님과 눈 맞춤을 했다. 절망적인 통증 가운데서 눈 맞춤이 일어나는 것은 이 세상보다 더 큰 믿음이 있지 않으면 불가능한 일이다.

절망(絶望)과 체념(諦念)

인생은 절망을 대면하면 어떻게든 피해 가려고 한다. 가인은 험한 죄를 지었으나 하나님의 죄 사함을 받았고, 이마에 뚜렷한 표식을 받고 증표로 아들을 받았다. 감격한 그는 에녹이라는 아들 이름의 성을 쌓기 시작하면서 절망을 피하고자 필사의 노력을 쏟은 끝에 역사의 뒤편으로 사라져 갔다. **인생은 결코 원치 않는 절망이 슬며시 그러나 집요하게 다가왔을 때 어떻게 그 절망을 대면하는가에 따라 그 후의 삶의 질이 결정된다.**

바울이 소아시아에서 겪은 사건 속에서 절망과 체념, 이 두 단어의 실체가 대조된다.

> 형제들아 우리가 아시아에서 당한 환난을 너희가 모르기를 원하지 아니하노니 힘에 겹도록 심한 고난을 당하여 살 소망까지 끊어지고 우리는 우리 자신이 사형 선고를 받은 줄 알았으니 이는 우리로 자기를 의지하지 말고 오직 죽은 자를 다시 살리시는 하나님만 의지하게 하심이라(고후 1:8-9).

바울은 절망했기에 온전한 믿음을 경험했다. 사방이 막혔을 때 우리가 취할 수 있는 선택은 절망(絶望) 또는 체념(諦念)이다. 고통이 다가오면 인생은 자신의 온갖 방법을 동원해서 사태를 진정시키려고 하지만 마침내 더 이상 어찌할 수 없다는 판단에 도달하면 이 두 가지 중 한 가지를 선택한다. 글자 그대로 절망은 모든 소망이 끊어진 희망이 없는 상태이고, 자신의 마지막 남은 카드를 다 쓴 영혼의 밤의 한복판이다. 어떠한 능동적인 행동이 주어지지 않고 철저히 수동적인 환경에 도달한 것이다. 비참함 속에 온갖 수모를 느끼고 절망에 도달하지만 그 아픔이 싫고 찌질하기에 거의 대부분의 인생은 절망으로 가는 길목에서 우리를 노려보며 교활하게 웃고 있는 차선의 선택을 취한다. 바로 동양철학의 해탈의 경지 중에 한 가지인 체념(諦念)이다.

체념의 사전적 의미는 도리(道理)를 깨닫는 마음 또는 아주 단념함이다. 살필 체(諦)는 말씀 언(言) 변에 황제 제(帝) 자다. 황제의 말이기에 나의 모든 생각을 살핀다는 능동적인 표현이다. 이 점이 절망과는 확연히 다르다. 절망은 글자 그대로 살 소망까지 끊어진 상태이고 더 이상 능동적인 일을 도모할 수 없는 상황이며 자신의 모든 자원이 고갈된 상태다.

그래서 **신위적인 믿음의 세계를 경험하기 위해서는 하나님과 자신에 대한 처절한 실망과 그리고 나의 무능함을 먼저 경험해야만 한다.** 체념이 설 자리는 한 치도 없다. 이제 남은 결론은 체념이 아니라 소망 없음을 그대로 시인하고 받아들이는 수동태의 극치인 '거룩한 수용'이다. 부활하신 주님에 대한 신뢰가 없는 운명적인 수용(fatalistic acceptance)과는 철저히 차별된다.

인생이 절망이나 체념을 만나면 큰 변화를 겪는다. 그 이유는 한 인격체의 죽음이 절망이나 체념 뒤에 반드시 따라오기 때문이다. 그러나 표면적으로 죽음의 모양은 동일하지만 그 내용이 전혀 다르다. 체념을 하는 순간 스스로의 능동적인 결단을 내리는 것이기에 그것은 자살(自殺)이다. 그러나 절망에 처하면 오직 철저히 수동적이기에 자살이 아니라 타살(他殺)이다.

안팎에서 들려오는 자살 소식을 접할 때마다 안타깝기만 하다. 삶의 막장에 몰리는 절망의 순간에 하나님을 볼 수 있는 그리스도인이 없었을까 하는 안타까움이다. 그들에게는 어떠한 선택도 무의미하고 오직 스스로 목숨을 끊는 마지막 남은 카드 한 장만이 유일한 방법으로 남아 있었다. **그런데 이 마지막 카드까지 버리는 것을 성경은 '십자가 상의 죽음'이라고 말한다.**

인간 역사 이래 죽음을 앞두고 주님과 가장 가까운 거리에 있었던 십자가의 강도 중 한 명에게는 십자가 위에서 하나님에 의해 타살이 이루어졌다. 그러나 동일한 거리에 있었던 다른 강도는 십자가 위에서 죽었으나 실은 십자가 상의 타살이 아니라 자신이 지은 죄의 대가를 스스로 지불했으므로 자살이다.

십자가 상에서 하나님에 의해서 타살이 일어나기 위해서는 하나님께 완벽하게 자신의 모든 주권을 드려야 한다. 자신을 드리기 위해서는 자신을 알아야 하고 그렇기 때문에 자신의 권리를 포기할 수 있는 자에게만 타살이 이루어진다. 그래서 십자가 상의 타살은 아무나 경험하는 것이 아니다. 이후의 삶을 하나님께서 짊어지시겠다는 약속을 감히 받아들이는 믿음에 대한 확신이 없는 한 자신의 마지막 목숨을 내려놓지 않고 어떻게든 스스로 지키려 한다.

우리 손은 한 번에 하나만 쥘 수 있다. 이 세상 것으로 자신의 손을 채우고 있으면서 천국도 움켜쥐게 설계되어 있지 않다. 이 세상

것을 놓고 대신에 하나님 것을 그 빈손에 채워야 한다. 놓는 것이 움켜 쥐는 것보다 낫다는 결론이 먼저 있어야 한다. 이 약속을 받아들이는 행위가 믿음이고 자신이 가진 빵 전부를 물 위에 던지는(전 11:1) 행위 다. 그 나라와 그 의를 먼저 구하고 믿음으로 살 수 있는 믿음이 없으 면 절대로 감행하지 못하는 것이 십자가 상의 죽음이다.

이때 주님께서 우리를 대신해 십자가에서 돌아가셨기에 우리가 십자가에 갈 이유가 없다고 생각하면 낭패다. 분명히 주님께서 '우리와 함께' 십자가에 달리셨기 때문이다(엡 2:5-6). **십자가에 주님과 함께 달려 죽고 함께 장사되지 않으면 함께 부활하는 일도 없다.**

십자가에서 타살이 이루어지려면 스스로의 모든 노력이 철저히 무너져야 하고, 결정적인 순간에 이 세상의 어떤 것으로도 스스로를 가릴 필요가 없다는 결론이 나와야 한다. 그렇지 않으면 여전히 우리 는 이 세상 것으로 자신을 가리고 체면을 유지하고 남의 눈치를 보고 적당히 타협하고 또 그렇게 살아가는 것이 정상이라고 합리화를 한 다. 인생은 절망의 순간에 어떻게든 마지막 지푸라기라도 잡으려고 하 지 하나님을 잡으려 하지 않기 마련이다. 그래서 타살인 십자가 대신 에 자살을 택한다. 백척간두(百尺竿頭)에서 진일보(進一步)하지 않는 것 이 주류다. 백 척이나 되는 장대 위에서는 도무지 어떻게 할 무슨 행위 도 허락되지 않은 상태지만, 그때도 인생은 지푸라기를 잡으려고 하지 하나님을 신뢰하여 기꺼이 죽는 한 걸음을 떼지 못한다는 말이다. 광 야의 60만의 유대인들이 그러했고 오늘날 포스트모더니즘 시대에 사 는 무수한 교인들도 그러하다. **절망의 장대 위에서 우리가 취해야 할 태도 는 한 걸음 나아가 '타살에 자신을 맡기는 것'이다. 이것이 신위적 믿음이다.**

주님의 죽으심은 대표적인 수동적 타살이다. 주님은 충분히 죽음을 벗을 수 있는 권세를 가지고 계셨는데도 수동적으로 죽음을 맞이하셨다. 그래서 십자가 위에서의 죽음은 철저히 타살이다(갈 5:24). 실제로 십자가에 달리면 우리가 능동적으로 취할 수 있는 어떠한 여지가 전혀 없다. 심지어 자살도 허용되지 않는 것이 십자가다.

십자가에서 죽기 위해서는 세 개의 못과 망치가 필요하다. 못 하나는 스스로 박을 수 있지만 나머지 두 개의 못질은 불가능하다. 예수님의 죽으심은 일차적으로 백성들이 합심해서 사탄과 일을 꾀했고 로마 병정들이 못질을 했지만 근본적으로는 하나님의 허락하심이 없이는 불가능했던 타살이었다. 반대로 체념은 능동적인 포기이기에 자살이고, 십자가 위에서의 죽음과는 철저히 구별되며, 스스로 포기하는 능동적인 죽음이므로 하나님과는 전혀 무관한 죽음이다.

사방이 막히고 도저히 살 소망마저 끊어져서 죽음에 이르렀을 때, 그 내용이 극명하게 다른 두 가지 죽음을 가지고 오는 이유는 무엇인가?

마지막 순간까지도 우리로 자살을 선택하게 하는 것이 바로 육신이다. 절망은 육신이 가지고 있는 어떠한 모양의 능동적인 역할도 다 소용이 없다는 결론이지만, 체념은 육신이 과감히 행사하는 마지막 마무리다. 체념은 죽음에 이르기 전에 육신이 할 수 있는 최후의 통렬한 한 방이기에 다른 말로 표현하면 능동적으로 십자가 상의 죽음을 막아 보려는 마지막 육신의 노력이고 마지막 저항이다. 그래서 체념은 해탈의 경지 다음의 높은 수준으로 취급되고 급격히 마음의 고통을 줄여 준다. 통증을 경감하기 위한 목적으로 체념만큼 역동적인 것이 없다.

2007년 골든 글로브 감독상을 받은 영화 〈잠수종과 나비〉는 프랑스 최대 패션잡지 〈Elle〉의 편집장 장 도미니크 보비의 수기에 근거를 둔 실화다. 세상에 전혀 부러운 것이 없고 수많은 여인에게 둘러싸여 성공을 만끽하던 도미니크는 갑자기 찾아온 뇌출혈로 전신마비가 되었고 오직 왼쪽 눈만 깜박일 수가 있었다. 그는 처절한 속박 속에서 20만 번의 눈 깜박임으로 130페이지에 달하는 수기를 써내려 간다. 이 영화는 뇌졸중으로 인한 전신마비 환자의 인간 승리를 그려 냈지만 내 눈에는 절망의 늪에서도 하나님을 붙잡지 않고 인간의 상상력에 매달리는 실례를 치밀하고 담담히 그려 낸 것으로 보았다.

흥미로운 사실은 그가 왼쪽 눈의 깜빡임으로 소통한 첫 문장은 선지자 엘리야의 고백과 동일한 "죽고 싶다"(왕상 19:4)였다. 두 사람 다 원치 않는 절망의 순간에 빠졌다. 언어치료사가 알파벳 a, b, c를 읽을 때 해당하는 알파벳에 그가 왼쪽 눈을 깜빡여 반응하는 방식으로 극히 제한된 소통을 했다. 한정된 소통의 공간은 극한의 엘리야가 겪은 것과 동일한 절망의 벽이었다. 단 도미니크는 소통할 수 있다는 희망을 찾자 생존을 위해 인간적인 '상상력'으로 절망을 헤쳐 나가는 인간 본연의 연명 본능인 능동성과 독립성을 보여 준다. 반대로 엘리야는 하나님의 제의에 대해 거룩한 수용을 보여 주고 십자가에서 죽음으로써 신위적인 믿음으로 나아간다.

상한 감정에 상처가 노출되면 이전보다 더 고집스럽고 더 예민해지며, 끊임없는 공상의 세계로 빠져들고, 생각이 많아져서 머리는 휴식 없는 거대한 발전소 터빈 마냥 중단 없이 돌아가고, 조그만 변화도 민감히 감지하여 잠을 이루지 못하며, 그나마 가지고 있던 우리의 감정의 저수지도 메말라 버려 하나님께서 주신 귀한 눈물까지도 사라지고 만다.

인생은 복수의 영혼의 밤을 맞이한다. 젊어서건 마지막 침상에서건 우리는 영혼의 밤을 반드시 만난다. 키르케고르처럼 "있는 힘을 다해서 절망하라"고 말할 만큼 예외 없이 영혼의 밤을 맞게 되고, 그 밤을 통해 절망에 이르는가 아닌가에 따라 그 후의 삶의 질이 결정된다. 그래서 어떻게 하면 영혼의 밤을 피할 수 있는가보다는 영혼의 밤을 통해서 신위적인 믿음을 경험하는 것이 중요하다. 영혼의 밤은 신묘한 하나님의 세계를 살게 하는 교두보지만 영혼의 밤을 겪는 모든 이가 다 이 세계를 맛보는 것은 아니다. 극한 절망 안에서도 스스로의 방법을 선택하는 이가 대부분이다.

절망의 한가운데에서도 하나님을 비켜 가는 이유는 영혼의 밤의 한가운데 통증이 존재하기 때문이며, 우리의 육신은 통증을 없이하는 효과적인 방책을 우리에게 사주하기 때문이다. 상상력, 공상, 판타지는 가장 쉽게 통증을 잊게 하는 육신이다. 하나님께서 통증을 잊게 하는 '인본적(육신적) 상상력'을 금하신 장면이 나오는 대목이 바로 창세기의 바벨탑 사건이다.

이후로는 그 '하고자 하는' 일을 막을 수 없으리로다(창 11:6).

여기서 '하고자 하는'이라는 단어는 개역 한글판에서 '경영'이라고 번역되어 있다. 이것이 바로 통증을 잊게 하는 '상상력'을 말한다. 그들은 가장 쉽게 홍수라는 통증을 근원적으로 차단하는 방법으로 홍수를 이기는 거대한 탑을 쌓은 것이었다. 가인이 쌓은 성과 일맥상통한다. 건강한 '상상력'은 하나님을 더욱 신뢰하게 하고 신위적인 믿음의 세계로 인도하지만 통증을 잊기 위한 육신의 '상상력'은 그렇지 않다. '육신적 상상력'은 인생에게 엄청난 예술품이나 문명과 업적을 이루게도 하고 또한 인생을 파괴적인 중독으로 빠지게도 한다. 그러나 결과가 건설적이든 파괴적이든 간에 육신의 한 모습일 뿐이다. 이는 하나님과의 눈 맞춤을 방해하는 대신에 인생에게 가장 세상적인 선물인 '거짓 자유로움'을 준다. 상처가 많은 이의 특징은 바로 이 공상에 익숙하다는 점이다. 비록 가장 극단적인 절망으로 초대를 받았으나 엘리야는 죽고 싶은 충동을 통해서 하나님과 눈 맞춤을 했기에 신위적인 믿음의 세계로 초대 받았다. 하지만 보비는 절망의 순간에도 하나님과의 눈 맞춤을 외면했다. 마침내 도미니크는 130쪽의 인간 승리의 자서전을 출판한다. 그리고 10일 후 그는 세상을 떠났다.

결론적으로 육신은 죽어야 한다. 그것도 십자가 상에서 죽어야 한다. 좀더 정확히 표현하면 이미 십자가 상에서 죽은 자신의 육신을 경험하는 것이 필요하다. 다음 사례는 육신의 본질과 어떻게 육신을 무력화하는지에 대한 좋은 비유다. 2차 세계대전 중 필리핀 루방섬에 파병돼 전쟁이 끝난 후에도 약 29년 동안 정글에서 잠복 생활을 계속했던 일본군 오노다 히로(小野田寬郞) 전 육군 소위가 2013년 1월 16일 병원에서 91세로 사망했다고 요미우리신문이 보도한 바 있다. 오노다 소위는 와카야마(和歌山)현 출신으로 1944년 12월 정보원으로 루방섬에 파견되었고, 종전 후 정글에 숨어 지내다 현지 경찰과의 총격전으로 생존 사실이 확인되었으며, 1974년 3월 옛 상관의 설득으로 귀국해 약 30년 만에 고국 땅을 밟았다. 전쟁은 이미 끝이 났지만, 그는 몰랐던 것이다.

주님께서 이미 2,000년 전에 십자가에 달리심으로 우리의 육신은 무력화되었으나 우리가 육신에게 권리를 주면 육신은 여전히 군림한다. 바울은 로마서 8장에서 "육신의 생각은 사망이요 영의 생각은 생명과 평안이니라"(6절), "육신대로 살면 반드시 죽을 것이로되 영으로써 몸의 행실을 죽이면 살리니"(13절)라고 선포한다. 죄를 짓게 하는 육신이 이미 십자가에 달려 무력화된 것이 사실이지만, 우리가 육신을 인정해 주면 즉시로 왕성하게 우리를 지배하고야 만다. 그것이 육신의 속성이다.

십자가에서 죽지 못하는 세 가지 이유는 '한(恨) 맺힘'과 '연명형 사고'와 '상대적 판단'이다. 이것을 적절히 표현한 성경 구절이 출애굽기 6장 9절이다.

> 모세가 이와 같이 이스라엘 자손에게 전하나 그들이 마음의 상함과 가혹한 노역으로 말미암아 모세의 말을 듣지 아니하였더라 (출 6:9).

신위적인 믿음을 경험하지 못하는 혹은 십자가 상에서 죽지 못하는 이유에 대한 모세의 결론이다. 마음이 상했거나 연명하기 바쁜 사람은 여전히 나의 필요를 우선시하기에 이미 나의 필요가 충족된 사실을 수용하지 않(못하)으므로 신위적인 믿음에 대한 원함 자체가 없다.

한(恨)을 털어 냄(trauma resolution)　한(恨)은 한자로 마음 심(心)변에 머무를 간(艮)자의 합성어다. 어떤 사건에 대한 감정(마음)이 흘러가지 못하고 머물러 있는 상태(stuck emotion)를 말한다. 우리에게 생긴 감정이 두렵든 추하든 간에 감정을 있는 그대로 느끼고 지나가게 하면 한이 생기지 않는다. 한이 육신에 자리를 잡는 과정은 다음과 같다.

○ 사건 → 통증 → (감당하면) → 유익한 경험으로 (기억에) 축적
○ 사건 → 통증 → (감당 못하면) → 한(恨) → 육신(=자기) 형성

한이 조종하는 삶은 두려움이 바탕이 되어서 주관적으로 흐르며 현실 안정을 추구한다. 하나님과의 관계가 밀접하지 않은데도 지나치게 긍정적이거나 수동적이면 중심에 한이 자리 잡고 있다는 방증이다. 이런 이들은 현재의 삶에 매달리고 통증을 느끼지 않으려 하며 자신의 모든 행동에 대한 합리화를 항상 준비하고 있고 변화를 두려워한다.

한은 반드시 털어 내야 하는 감정의 골이고 매듭이다. 한은 육신 중에 가장 강력한 육신이기 때문에 한이 있는 이상 신위적인 믿음의 세계를 경험하는 것은 불가능하다.

1930년대의 대공황을 보낸 미국인들이나 한국의 보릿고개를 보낸 이의 공통점은 절약하는 습관이다. 그러나 이들 중에는 궁핍에 대한 한을 가졌기에 많은 재물을 모았음에도 과도히 절약하는 한편 엉뚱한 일에 상상 이상으로 낭비를 하는 경우가 있다. 한이다.

김 노인은 실향민이다. 여러 빌딩을 소유하고 수백억 대 이상의 재물을 소유하고 있다. 전형적인 자수성가형이다. 90세에 접어든 지금도 소유한 빌딩을 혼자서 직접 관리한다. 아무도 그에게서 원하는 돈을 받아 낼 수가 없었기에 다섯 명의 전 부인들이

모두 떠났다. 현재 부인에게 하루 생활비 20,000원을 주며, 백화점 종업원이 이용하는 식당에서 한 끼를 3,500원으로 해결한다. 중풍이 왔으나 철저한 운동으로 중풍을 거의 극복했고, 지금도 하루에 자전거를 3시간씩 타면서 필사적으로 건강을 관리한다. 돈에 대한 한으로 그는 많은 재물을 일굴 수가 있었으나 그가 가진 출중한 재주가 한 때문에 빛을 발하지 못했고 인간관계가 피폐해졌다.

한(恨)은 엄청난 에너지를 내재하기에 그 여파가 굉장히 파괴적일 수도 있으며, 외형적으로 많은 건설적 열매를 맺기도 한다. 진정한 경제적 독립은 가난에 한이 맺혀 자수성가해서 경제적인 독립을 이루었다 해도 돈을 사랑하지 않는 것이다. 한을 털어 내지 않는 것은 마치 배가 기적을 울리고 출발을 했지만 도무지 항구를 벗어나지 못하는 것과 흡사하다. 왜냐하면 닻을 거두지 않았기 때문이다.

트라우마 때문에 형성된 육신은 십자가에 죽기를 거부하고 철저하게 저항한다. 이런 트라우마를 겪은 이들은 상처가 깊이 숨겨져 있어서 조금이라도 스치면 알레르기 반응을 보이고 혼자만의 세계로 움츠리기 때문에 상담이 힘들다. 비록 용서와 헌신은 쉽게 하지만 영혼 없는 헌신 내지는 용서이기 때문에 열매도 없고 마치 로봇의 행동과도 같다. 그들의 감정은 극히 민감하기도 하고 감정을 철저히 차단해서 무감각하기도 하다. 엉뚱한 것에 상처를 받기 십상이며 밀접한 관계를 맺을 수도 없다. 이런 이들이 트라우마에 대한 한 털기를 경험하면 비로소 정상적인 느낌과 행동을 하게 된다.

트라우마 때문에 생긴 육신은 끈질기고 다양하다. 육신이 노출

된다고 해서 반드시 육신의 조종에서 해방된 것은 아니다. 뿌리 중간을 잘라 내어도 다시 자라는 민들레처럼 끈질긴 육신은 뿌리를 근본적으로 잘라 내는 작업이 필요한데 바로 이것을 '한 털기'라고 한다. 한을 털어 내지 않고도 신앙생활을 잘할 수 있다는 말은 성립되지 않는다. 한이란 혹독한 사건의 결과로 생긴 상처 난 감정 혹은 기억이다.

하나님은 우리의 대뇌가 감당할 수 없는 트라우마를 만나면 통증을 한시적으로 차단시키셔서 그 순간을 견딜 수 있도록 창조하셨다. 그리고 통증을 믿음으로 소화해 내면 그 통증은 유익한 경험으로 우리 속에 비축되지만 소화하지 못하면 뇌 속에서 통증을 느끼지 못하게 하는 방어 작용이 생겨 그 통증(기억)은 깊숙한 감정의 골방 속에 밀봉되어 한으로 남는다. 마치 일벌이 꿀을 집 속에 감추는 것과 같다. 영혼의 밤을 맞이하면 밀봉된 한은 비슷한 사건(환경)을 만나면 돌연히 모습을 드러내어 우리의 행동을 주관한다. 의식하지 않지만 그 육신은 우리를 위해서 적극적인 방어와 공격에 나선다. 마침내 우리의 육신은 과거와 같은 통증을 느끼지 못하게 하고 훌륭히 임무를 완수하고 난 다음 더욱 강해져서 다시 골방으로 들어가 다음 기회를 노린다. **깊이 도사린 한은 오늘도 저 깊고 어두운 곳에서 나의 행동과 생각과 감정을 주장하고 철저히 감시한다.**

하나님이 계셔야 할 자리를 차지하고 있는 한은 어떤 종류든 모두 털어 내야 한다. 이른바 '삭제'시켜야 한다. 한을 털기 위한 상담은 최소 6개월 정도 걸린다. 감정을 있는 그대로 대면해야 치유가 오기 때문에 이 기간 동안에 기본 생활을 영위하기 위한 처방 약(담당 의사와 상의 필요)이나 술, 마약 등 감정을 억제하는 약물은 금해야 한다.

한 털기 상담은 상담자가 피상담자를 데리고 주님과 함께 피상담자의 한이 숨어 있는 기억의 골방으로 같이 가서 저장된 한을 털어 내는 작업이다. 이제는 정신적으로나 육체적으로 더욱 성숙한 사람이 된 피상담자를 과거의 그 사건 현장(기억)으로 이끌어 줌으로써 그 안에 주님과 함께 걸어 들어가서 맺힌 감정을 흘러가게 한다. 주님의 은총으로 그 맺힌 기억을 영구히 주님의 생각으로 치환해 버리는 것이다. 그래서 영혼의 밤을 제대로 소화하면 하나님의 안목이 생기고 육신의 종결을 경험케 된다. 이것이 한(恨) 털기이다.

그녀는 한 털기에 있어 가장 기억에 남는 자매다. 큰 키에 조각 같은 외모와 역도 선수 같은 근육질 몸매를 가진 30대 초반의 여성이자 두 아이의 엄마였다. 그녀의 몸집은 웬만한 남자도 위협을 느낄 정도다. 부부는 신실한 복음주의자였으나 일단 부부 싸움이 시작되면 그 과격함이 상상 이상으로 드러났다. 육박전으로 갈 만큼 감정이 조절되지 않아 꼭 경찰이 와야 정리가 되었다. 계속 싸움이 지속되면서 결혼생활이 흔들리고 있었고, 두 딸에게도 돌이킬 수 없는 상처를 입힐 것을 우려하여 상담을 원했다. 하나님은 분노 조절을 못해 싸우는 자신을 사랑하지 않으실 것이고 용서하시지도 아니할 거라는 죄책감을 품고 있었다. 부부 싸움 외에는 다른 문제가 없었고 헌신적이었지만, 몇 번의 상담으로 신뢰를 쌓은 뒤 과거사 조사를 하자 그녀의 문제가 드러났다. 부모님의 불화와 부친의 심한 폭행을 겪으며 구급차 신세를 졌던 어린 시절의 기억이 그녀에게는 트라우마로 마음 깊숙이 똬리를 틀고 있었던 것이다.

일대일 한 털기를 진행하기 위해 그녀의 어린 시절로 같이 돌아가 보기로 했다. 평범하게 진행되던 그녀의 과거사가 부모님과의 관계에 들어가자 별안간 말투와 억양이 달라지기 시작했다. 부친의 폭행과 부모님의 불화를 보고 자랄 때 느꼈던 감정이 끓어오르고 있었다. 아버지가 불같은 분노로 자신의 긴 머리채를 휘감아 끌고 갔다는 말을 하는 그녀는 마치 지금도 그 폭력이 날아올 것 같은 두려움에 휩싸여 고개를 숙이고 있었고, 그녀의 근육은 딱딱해졌으며 입술이 심하게 떨리며 치아가 맞부딪혔다. 그녀는 지난날 맹렬히 싸우는 부모님 방문 앞에 앉아 있었다. 일단 부모님의 싸움이 시작되면 적절한 시간에 경찰을 부르는 것이 그녀의 역할이었다. 아버지의 분노와 그에 따른 폭력만이 문제의 전부가 아니었다. 초등학생인 그녀는 엄마를 보호해 주어야 하는 역할까지 맡고 있었다. 그녀는 방문 앞에 앉아서 두려움을 억누르며 위험한 시간을 감지해서 경찰에게 도움을 청하는 타이밍을 헤아려야 했다. 적절한 시간에 그녀가 개입하지 않으면 엄마로부터 아버지에게서 오는 것보다 더 큰 화를 감당해야 했다. 엄마 또한 아버지 못지않은 분노를 연약한 딸에게 쏟아붓곤 했기 때문이다. 가장 혼란스러운 것은 부친에게 머리채를 잡혀 질질 끌려가서 폭행을 당할 때에도 왜 폭행을 당하는지 그 이유를 모르는 것이었다. 이제 성인이 된 그녀였지만 어린 시절 두려움에 떨던 그녀의 고통은 부친에게서 받은 폭행의 트라우마를 그대로 안고 있었다. 그 고통은 성장 후 결혼생활에 갈등이 있을 때마다 남편에게 투사되어 나타나 마치 아버지가 폭력과 폭언을 하는 듯 두려움의 대상으로 비쳐졌기에 그녀는 물불을 가리지 않고 지나치게 자기방어를 하여 매우 공격적인 태도를 취했다.

그녀의 아름다운 얼굴은 이미 눈물로 얼룩지고 있었다. 성인이 된 지금도 부모님의 기대에 부합한 삶을 살고자 했기에 성인-어린아이로 힘겨운 삶을 살았던 것이다. 눈물 콧물 범벅이 되었지만 상담이 끝날 즈음 굳어 있었던 어깨의 긴장이 풀려 있었다. 그리고 남편을 향했던 분노는 부친에 대해 억눌려 있었던 분노였음을 깨닫고 이성적으로 생각할 수 있게 되었다.

그 후 늘 두려움의 존재였던 부모님께 솔직한 대화로 자신의 필요와 권리를 표현할 수 있게 되었고, 한 인격체로 서서 당당하게 자유로운 삶을 시작했다. 한이 풀어진 사람들은 설명하지 않아도 하나님께서 자신을 지극히 사랑하심을 피부로 느낀다.

억울하면 억울해하고 애통하면 애통해하자. 결과가 아무리 비참하게 전개되어 가는 느낌이 와도 있는 그대로 주님과 함께 울자. 시간을 가지고 느낌을 있는 그대로 받아들이며 정당화나 합리화를 하지 말고 주님 안에서 기다려 보자. 악을 악으로 갚지 말고 있는 그대로 주님께 토하자. 내 감정의 모든 느낌을 주님께 던져 보자. 비록 환경은 전혀 변하지 않을지라도 주님과 함께 있어 보자. 그 통증을 주님 앞에서 쏟아 보자. 왜 우리는 우리의 감정을 덮거나 느끼지 않거나 숨기거나 아닌 척하려고 하는가? 있는 그대로 수치심을 느끼고, 있는 그대로 울고, 있는 그대로 가장 안전한 이에게 토하면 한으로 남지 않는다. 그런 감정의 모음이 시편이다. 시편의 절반 정도(약 73편)는 다윗의 감정 토로다. 시편이 성경의 정중앙에 자리 잡고 있는 이유가 바로 우리의 감정을 소화하기 위함이라고 믿는다. 그러면 비록 환경은 조금도 변함이 없더라도 감정이 흘러가는 것을 반드시 경험하게 된다.

연명형 사고   어떻게 하든지 살아남아야 한다는 충동을 조장해서 나의 육신이 십자가 상에서 죽지 못하게 하고 신위적인 믿음의 세계를 경험하지 못하게 한다. 이들은 안정권에 들어가는 것을 우선순위로 삼아 그것을 위해 하나님을 필요로 하는 사람이다.

지난 30여 년간의 상담 사역에서 경험한 바로는 가장 벅찬 상대가 바로 연명형 사고를 하는 사람이다. 연명형 사고를 하는 이에게는 어떠한 고상한 필요도 중요하지 않고 오로지 연명하는 것만이 전부다. 통증이 컸기에 통증을 회피하는 것을 삶의 근본으로 자리 잡은 상태다. 연명형에게는 살아남는 것만이 전부이고, 살아남고 난 후의 삶에 대해서는 전혀 대비책이 없다. 대동아전쟁과 한국 전쟁을 겪은 세대는 대체로 연명 이상은 별로 기대하지 않는다. 이미 전쟁이 끝이 났는데도 불구하고 평생을 마치 전쟁 치르듯 연명에만 급급해하며 늙어 간다는 점이다.

EBS 방송에서 보도된 심리테스트다. 한국 대학생과 미국 대학생 두 집단의 사고 체계를 비교한 실험이다. 문제를 주고 풀게 한 후 거짓말로 틀렸다고 했더니 한국 학생들은 그때부터 적극적으로 왜 틀렸는가에 흥미를 내기 시작한 반면, 미국 학생들은 거짓으로 계속 틀렸다고 하자 더 이상 문제 풀이에 흥미를 보이지 않았다. 한국 대학생은 스스로 해법을 찾기보다는 외부적인 평가가 동기부여가 되고 어떻게든지 남의 기준에 맞추는 것을 중요시한다. 상대의 거부의 눈초리에서 온 통증에 자신을 넘기고 상대의 판단에 자신을 맡긴다. 전형적인 연명자의 종속의존적 육신의 형태다. 그래서 일단 안정권에 들어가면 일 자체에 흥미를 잃어버리고 만다.

2008년 이후 정년 보장을 받은 서울대 교수들의 논문 실적이 정년 보장 4년 만에 절반 수준으로 떨어진 것으로 나타났다. 서울대뿐 아니라 주요 국립대 교수 전체의 논문 실적도 정년 보장 후 4년 만에 평균 30퍼센트 가량 떨어진 것으로 드러났다. 외국 유명 대학들의 경우 정년을 보장받아 안정적 연구 기반과 대학원생 연구 인력 등이 확보되면 더 많은 연구 성과를 낸다(조선일보 2013년 11월 14일 기사 참조).

상대적 판단 상대적 판단 또한 십자가 상의 죽음을 거부한다. 광야의 유대인들과 같이 나를 포함한 모두가 파산했으니 자신의 통증이 얼마나 심각한지를 자각하지 못한다. 실제로 집단적인 트라우마와 개인적인 트라우마의 결과가 다른 것은 사실이다. 주위의 모두가 다 가난하다거나 동일하게 전쟁을 겪으면 상대적인 빈곤은 덜 느낀다.

'홀로' 그리고 '다 함께'라는 양면이 겹쳐 일어나야 생명력을 유지하는 곳이 교회 공동체다. 정상적으로 돌아가면 엄청난 하나님의 은혜를 경험하는 곳이지만 동시에 상대적인 흐름으로 가면 낭패다. 유기적으로 굴러가지 않는 공동체는 서서히 영적 빈곤으로 죽어 감을 감지하지 못한다. 통증도 마찬가지다. 모두가 다 아프하면 왠지 괜찮을 것 같고 혼자만 아프면 큰일 날 것 같다. 서양의 개인주의도 문제지만 동양적인 집단주의도 심각한 문제다. 두 집단 모두 상대적인 판단이 침입하게 되면 그 집단의 영적인 질은 심각하게 떨어진다. 상대적인 판단 또한 종속의존 육신의 일종이다.

정리하면, 신위적인 믿음을 처음으로 경험하게 될 때가 (체념이 아니라) 절망 한가운데 계시는 하나님을 발견할 때다. 자신의 필요로 영원을 대면했을 때 느끼는 자신의 한계와 참담함에서 비로소 믿음이 시작된다. 유한한 존재로 알고 수긍했던 인생이 어느 날 영원이라는 단어를 실감하며 영원한 시간 속에 자신은 의미가 없고 철저히 외면을 당하고 있다는 사실을 느끼기 시작하는 순간, 인생으로는 불가능한 믿음의 세계를 동경함과 동시에 자신 속에 선한 것이 없음을 목격함으로써 절망하게 된다. 그 절망의 끝에 기다리시는 영원의 주체이신 예수님과 눈 맞춤을 하면 자신의 육신이 주님과 함께 십자가 상에서 죽었음을 경험한다.

2장

선택과 반응

영혼의 밤에 취하는 행동

영혼의 밤이 오면 육신이 취하는 전형적 행동 세 가지를 다시 짚어 보자.

첫째, 스스로 불을 밝히는 행동이다. 이는 최악의 선택이자 반응이다. 하나님을 배제하고 인간적인 방법으로 어두움을 밝히는 행동이다. 인간의 꾀로 난관을 극복하려는 방법은 바람직하지 않다.

둘째, 주어진 환경에 치여 개선점을 생각해 내지 못하고 분별력 없이 패시비티(영적 소극성)로 빠지는 경우다.

셋째, 하나님을 기다림(Waiting on God)을 잘못 이해하면 패시비티가 되고 신위적인 믿음을 경험하지 못한다. 패시비티와 모양은 비슷하나 속은 전혀 다르다.

신앙생활에 열정이 생기면 다음과 같은 질문을 하게 된다. 이 일을 어떻게 해야 합니까? 조용히 잠잠하게 기다릴까요? 아니면 지금이라도 뛰어 나가서 싸울까요? 하나님의 뜻을 기다리는 일과 해야 하는 일에 대한 혼돈이다. **기다려야 할 때가 있고 움직여야 할 때가 있다.** '영적 분별력'과 하나님의 안목인 '영성'이 요구되는 순간이다.

영혼의 밤에도 시간은 흐른다. 동이 트기 전까지는 어쩔 수 없이 잠잠히 기다려야 한다. 그러나 시간은 지극히 천천히 흘러간다. 영혼의 밤을 지날 때 가장 힘든 것이 바로 기다림의 시간이다. 무엇이든 해야 한다는 쫓김이 있다. 그러나 숨이 멎을 듯한 시간에는 세상을 향한 일을 최소화하고 가장 먼저 그 나라와 그 일을 구하는 일(마 6:33)에 집중해야 한다. 큐티, 곧 주님과의 교제에 우선순위를 두고 다음 여섯 가지 일상생활을 이어 가는 것이 중요하다.

주님의 이름을 기억함(눈 맞춤), 삶의 목적과 목표를 분명히 앎, 자신의 소유권을 포기하고 하나님만 의지함, 하나님의 성품에 대한 바른 이해, 단순한 일상생활만을 영위함 그리고 침묵하고 기다림이다.

주님의 이름을 기억함(눈 맞춤)　영혼의 밤을 지날 때 가장 먼저 해야 하는 행위가 바로 '주님의 이름을 기억함'(눈 맞춤)이다.

> 여호와여 내가 밤에 주의 이름을 기억하고 주의 법을 지켰나이다(시 119:55).

인생에게 가장 험한 일이 일어날 때 주님의 이름을 기억한다는 것은 "주님을 사랑한다", "율법을 지킨다", "주님께 붙어 있다"와 같은 표현이다. 춥고 어두운 밤에 하나님을 기억한다는 것은 평소 하나님과의 교제가 깊었다는 방증이고, 이는 그들에게 허락되는 특권이다. 평소에 그렇지 못했다면 이제라도 그렇게 시작하면 된다. **하나님께서는 어떠한 핑계를 이용해서라도 당신을 의지하게 하신다.** '기억한다'는 표현은 주님께서 그 혹독한 시간에 나와 함께 계신다는 표현이고 주님께서 내 옆에 계신다는 것을 알게 되면 영혼의 밤이 은혜의 시간으로 다가온다. 이제 더 잃을 것이 없는 시간에 주님만으로 만족하는 자신의 영혼을 발견하면 이 세상의 어떤 것과도 그 시간을 바꿀 수가 없다. 성경에 가장 절박하게 하나님과의 눈 맞춤을 설명한 이가 욥이다.

> 나의 친구는 나를 조롱하고 내 눈은 하나님을 향하여 눈물을 흘리니(욥 16:20).

모든 것이 뒤틀린 상태는 어떤 변명이나 항변이나 어떤 합리화나 어떤 소리도 통하지 않을 때다. 우리가 할 일은 흐르는 눈물 사이로 주님을 바라보는 것이다. 비록 광야에서 자신의 음행으로 불뱀에 물려서 죽어 가던 사람들도 자신의 죗값을 치른 것이었지만, 그래도 하나님의 약속을 믿고 모세가 든 놋뱀을 본다. 온몸에 독이 퍼지면서 극심한 통증을 느끼는 그 와중에 그들이 할 수 있는 일이라고는 눈을 들어 쳐다보는 것뿐이다. 이 기막힌 상황에도 놋뱀을 쳐다보지 않고 죽어 갔던 사람이 수천이었던 것을 보면 마지막 순간에조차 하나님의 약속을 거부하는 이가 있다는 사실을 알 수 있다. 처절한 현실이다.

> 여호와의 눈은 의인을 향하시고 그의 귀는 그들의 부르짖음에
> 기울이시는도다(시 34:15).

캄캄한 밤에 주님과 눈을 마주하는 것은 감각적으로는 불가능하다. 이 밤은 직소퍼즐처럼 이제까지 내 속에 들어왔던 모든 정보들을 비로소 제자리에 짜 맞추고 우리의 행동을 정리하는 시간이다.

아브라함과 바울은 영혼의 밤을 지나면서 각인된 주님과의 눈 맞춤을 적나라하게 보여 준다. 창세기 23장에는 깊은 영혼의 밤을 지난 아브라함의 결단이 나타나 있다. 100세에 낳은 아들 이삭이 40세가 되어도 장가들지 않고 있었다. 아브라함은 이삭의 신붓감을 찾고자 마지막 시도를 한다. 그의 종에게 고향에 가서 며느리를 데려 오라고 명령할 때, 종이 만일 며느리 될 여인이 따라오지 않으면 어떻게 할지를 묻자 아브라함은 다음과 같이 대답한다.

> 만일 여자가 너를 따라오려고 하지 아니하면 나의 이 맹세가 너
> 와 상관이 없나니 오직 내 아들을 데리고 그리로 가지 말지니라
> (창 24:8).

자신의 전 생애 동안 있었던 하나님과의 관계를 아브라함은 압축해서 한마디로 대답했다. 비록 이삭이 장가를 못 가더라도 그 땅으로는 돌아가면 안 된다는 확고한 믿음의 지시가 바로 하나님과의 눈맞춤이다.

바울은 마지막 종착점인 로마로 향하기 전에 예루살렘으로 올라가는 장면에서 자신의 믿음에 대한 확신을 말한다.

> 여러분이 어찌하여 울어 내 마음을 상하게 하느냐 나는 주 예수
> 의 이름을 위하여 결박당할 뿐 아니라 예루살렘에서 죽을 것도
> 각오하였노라(행 21:13).

실제로 주위에서 만류했던 대로 그는 잡혔고, 그는 하나님의 시간에 죽어 갔다. 이것이 바로 주님과의 눈 맞춤이다. 육신을 살아남게 하고자 스스로 불을 지피지 아니하고 하나님을 기다리는 눈 맞춤이며, 죽음이 올지라도 그것이 주님의 인도라면 기꺼이 수용하는 모습이다.

삶의 목적(目的)과 목표(目標)를 분명히 함　충성된 이들에게서 쉽게 발견되는 결함 중에 한 가지가 삶의 목적과 목표가 뒤바뀐 모습이다. 목적(purpose)은 왜 사는지에 대한 존재의 이유고, 목표(goals)는 무엇을

할 것인가에 대한 답이다. 목적은 단수고 목표는 복수다. 목표는 항상 목적에 부합되게 즉 목적이 이끄는 대로 설정을 해야 한다. **목표가 목적과 뒤바뀌면 과도한 부하(負荷)가 걸리고 영혼의 밤이 온다.**

복음주의자인 우리가 사는 목적이 전도나 선교나 봉사면 심각한 문제다. 이것들은 삶의 목표 중 한 가지일 뿐이지 존재 이유가 아니다. 우리의 존재 이유는 하나님과의 사랑의 관계를 가지기 위함이다. 자식을 가지는 이유와 흡사하다. 생각해 보라! 우리가 자식을 가지는 이유는 자식을 통해서 어떤 일을 이루기 위함이 아니다. 대표적인 사례가 누가복음 10장에 등장하는 마르다 이야기다. 그녀는 여러 가지 일로 분주하고 걱정이 많다. 반면에 마리아는 한 가지만 전념한다. 마르다는 목적과 목표가 뒤바뀌어 섬김 중심의 종교생활에 분주하여 소진 증세를 보인다. 마리아는 예수님의 말씀을 생명으로 여기며 자신의 존재 이유를 알고 있었기에 한 가지 일에 집중했다.

자신의 소유권을 포기하고 하나님만 의지함　성경적 상담은 과거의 상처가 현실을 주장하기 때문에 과거의 사실도 다루지만 현실 문제도 아울러 다루어야 한다. 이 두 가지는 서로 연결되어 있다. 삶의 소유권을 분명히 하면 현재 진행형의 갈등이나 혼돈이 더 이상 극대화되지 않는다.

신앙생활의 단계를 간략히 설명하자면, 먼저 주님에 관한 말씀을 듣고(롬 10:17), 은혜를 깨닫고(골 1:6), 헌신(롬 12:1)하는 것이다. 회개와 용서 그리고 자신의 소유권을 주님께 드려 자신의 자원(육신)으로 살아가지 않겠다고 포기하는 단계가 '헌신'이다. 이제까지 자신의 것을 지키기 위해서 믿었고 자신의 무엇을 이루기 위해서 하나님을 필요로 했지만, 지금부터는 자신의 소유권을 포기하는 과정이다. 이때 선한 일도 포기해야 한다고 권하면 대부분 당황한다. 부부 갈등 때문에 상담 요청을 한 경우에는 어떻게 해서든 배우자를 본인의 바람대로 바꾸어 보려고 하나님을 이용한다. 이 시도를 하나님 앞에 포기해야 되는 지점이 믿음의 변곡점이다. **반드시 이것만은 내 스스로가 조종해야 한다고 믿었던 것을 던지는 것이 헌신이다.** 주님께 던지면(벧전 5:7) 다 가질 것이고, 움켜쥐려고 하면 가진 것까지도 다 빼앗기는 것이 신위적인 믿음의 세계다.

로마서 12장 1-3절의 '드린다'는 단어를 이미 바쳐진 자신을 발견한다는 현재 완료형으로 이해하면 유익하다. 아직도 바쳐지지 않은 부분이 무엇인지를 발견하는 것이 기도이고, 자신의 믿음의 분량을 아는 것이 말씀 묵상이고 영적인 예배고 찬송이다. **자신의 믿음의 분량을 지나치면 영적 소진과 영혼의 밤을 겪을 수 있다.**

하나님의 성품에 대한 바른 이해 성경적 상담이 여타의 상담과 다른 점은 '하나님의 성품'을 소개한다는 점이다. 영혼의 밤에 갇힌 신자들은 어쩔 수 없이 하나님에 대한 실망감에 당황한다. 그때까지 알고 있었던 하나님의 성품에 대해 큰 혼란을 겪는다. 결과적으로 평소에 가지고 있었던 하나님관이 표면으로 드러나는 셈이다. 영혼의 밤의 귀한 사역 중 한 가지는 비뚤어진 하나님관을 바꾸는 것이다.

아비가 아이의 행동보다 더 높은 기대치를 요구하게 되면 아이는 하나님을 요구만 하시는 분으로 인식한다. 성인이 되어서도 하나님은 요구하시는 분이라 생각하기에 그 요구를 충족시키지 못하는 자신에게 실망하게 되고, 그 결과 하나님과 멀어진다. 가정의 존재 목적은 자녀에게 무조건적인 사랑을 주며 모든 필요를 채워 주는 것인데, 특히 아이의 감정적 필요까지도 충족시켜 주어야 한다. 그렇지 못하면 아이는 자라서 하나님과의 감정적인 친밀함에 문제가 생길 수 있다. 머리로는 알지만 가슴으로 느끼지 못하는 기형적 관계로 발전한다. 부모가 너무 바쁘면 아이들에게 관심을 쏟기 어렵다. 이런 아이들은 커서 하나님과의 관계를 가질 때 항상 하나님을 먼 존재로 느낄 수밖에 없다. 특히 폭력적인 부모 밑에서 자란 아이들은 하나님을 폭군으로 여길 수밖에 없다. 걸핏하면 약속을 어기는 아비에게서 자라난 아이는 하나님을 신실한 분으로 받아들이기 어렵다. 아비가 아이들을 잘 돌보지 않고 늘 바쁘면 아이들은 하나님도 자신을 버려두는 분으로 여길 수밖에 없다.

최소한의 일상생활만을 영위함　밤은 점점 더 깊어지고 한치 앞도 보이지 않지만 자신의 마음은 환한 대낮보다 더 밝고 분주하다. '무엇이든 해야 하는데' 하는 긴박감만 들고 혼란이 깊어지니 잠을 이룰 수 없다. 마음의 계획은 용솟음치고 다시 한 번 무언가 시도하면 될 것도 같고 육신이 움직이는 대로 하고 싶다. 캄캄한 밤을 훤히 비추고 싶은 것이다. 다른 이들의 성공이 눈앞에 보여 자신이 점점 작아져만 가는 것 같아 과감히 무엇인가 저지르고 싶어진다.

영혼의 밤이 오면 열심 있는 신자들 특히 복음주의자들이 크게 당황하는 점은 이전에 사용하던 '하나님의 일'이라는 단어를 전도나 선행에만 국한시켜 온 자신에 대한 혼돈이다. 그들에게는 전도라는 명제가 삶에서 대부분을 차지하기 때문에 영혼의 밤이 오면 더욱 전도에 매달려야 할 것 같은 생각을 하지만 사실은 전 인격적이고 전 방위적인 하나님을 경험하기 위해서는 이제까지의 모든 활동 규모를 축소해서 재점검하는 시간이 되어야 한다.

어둠 속에 있을 때는 자신의 모든 에너지를 비축해야 한다. 현실생활에서 다른 실수를 만들면 안 된다. 몸이 쇠약할 때는 체력 단련이 필요하지 않다. 체력 단련은 일단 건강의 최저점을 넘어선 후에 시작해야 한다. 밤에는 하나님과의 눈 맞춤을 최대화하기 위해서 일상생활을 최소화해야 한다. 밤이 왔을 때 일부러 죄를 짓는 어리석음은 피하고, 가장 간소한 의식주를 영위해 나가자. 부질없는 계획을 세우거나 야망을 불태우거나 유익함이 없는 대화를 하며 시간을 허비하기보다는 간단하고도 규칙적인 운동과 건강한 식습관을 유지하며 충분히 수면을 취하자. 행동반경을 넓히지 말고, 배우자와 자녀들을 돌보며 주어진 임무에 충실히 임하고, 불필요한 일에 관여하지 않는 것이 좋다. 어려운가? 혹 선한 사역의 범위를 넓히면 어두움이 걷혀 갈까 하는 생각도 그만두라. 그런 사역으로 어두움이 물러간다면 처음부터 밤이 찾아오지 않았을 것이다. 자신의 인생 설계를 하나님 앞에서 다시 한 번 세울 수 있는 좋은 기회이다. 무엇을 위해서 사는가? 왜 사는가? 육신에 의한 내 죄는 무엇인가? 나는 누구인가? 이제까지 묻어 두었던 근본적인 질문에 치열하게 대면하며 시간을 보내라.

규칙적인 기본생활 즉 그 나라와 그 의를 구하는 것을 최우선순위로 두고 동심원적으로 행동반경을 조금씩 그리고 서서히 넓혀 나가면 영성이 맑아지고 하나님과의 관계가 밀접해짐을 경험하게 된다. 만일 큐티조차도 하고 싶지 않은 상태라면 그 나라와 그 의를 먼저 구하기 원하는 마음을 부어 달라고 기도하는 것이 먼저다. 그 나라와 그 의를 구하는 생활 습관이 일상에 자리 잡히면 환경과 육신에 의해 지배받던 충동적 생각과 행동에서 비로소 자유로워지고 하나님의 임재하심과 신위적인 믿음이 현실화된다. 이때 큐티, 일기 쓰기, 성경 필사가 도움이 된다.

침묵하고 기다려 어두움이 물러가야 새벽이 온다. 영혼의 밤은 시간적으로 한정되어 있다. **영혼의 밤은 그 누구도 당길 수도 줄일 수도 없다.** 시간을 주관하시는 하나님만 하신다. **기다림의 시간만큼은 철저히 훈련을 받아야 한다.**

영혼의 밤은 스스로 어둠을 밝히려는 시도로 인하여 육신을 좇아 몰락의 길로 가는 지름길이기도 하다. 흑암을 지나는 시간은 철저한 회개의 시간이며 지금까지의 잘못을 분석하고 돌이켜 보며 잘못의 근원이 무엇인지 왜 왔는지를 밝히고, 첫사랑이 식은 시점과 무엇이 첫사랑을 버리게 했는지를 짚어 보는 철저한 회개의 시간이다.

이 과정 속에서 나를 불안하게 하는 감정의 원인을 찾아내면 된다. 이러한 기다림의 시간은 이전에 알던 하나님과의 관계의 모든 것을 재정립하고 정리하는 시간이다. 혼자서 이 과정을 소화하기 어렵다면 성경적 상담을 받는 것이 유익하다. 비록 작아 보이고 육신에 싸인 나도 마음을 새롭게 하면 조금도 부족함이 없이 하나님의 일을 감당할 수 있다. 우리는 마음을 새롭게 할 수 있고, 감정은 마음에 따라 달라진다. 마음을 새롭게 하다 보면 그 증거로 하나님께서 주시는 평강이 온다. 그런데 하나님의 평강이 오기까지 내적인 갈등이 대단할 것이다. 이때 무엇이 나에게서 평강을 빼앗아 가는지를 자세히 살펴보면 자신의 육신을 발견해 낼 수 있다.

우리의 믿음은 시험을 필요로 한다. 진퇴양난의 순간을 통해 우리의 평소 믿음 상태를 진단할 수 있다. 모든 훈련의 골자는 스스로

묘책을 만드는가 아니면 하나님을 신뢰하는가에 달려 있다. 그래서 **하나님의 종이 되려면 가장 먼저 거쳐야 할 관문이 바로 '기다림'이다.** 아무리 재능이 있고 마음이 청결해도 하나님의 때를 기다리지 못하면 일꾼으로서의 자격 미달이다.

육신은 우리가 스스로 멸망의 길에 접어들도록 이끈다. 우리가 기다리지 못하는 이유는 불확실한 현재에 자신을 맡길 수 없는 불신 때문이다. 아브라함도 기다리지 못했기에 먼저 이스마엘을 가졌고, 모세도 기다리지 못하고 스스로 문제를 해결하려 하다가 도망자로 전락했다. 바울도 기다리지 못하고 눈에 비늘이 떨어지자마자 복음을 외쳤다. **기다림은 훈련을 말하고 훈련은 성숙을 말한다.** 한국 그리스도인만큼이나 열정이 넘치는 민족은 흔치 않다. 종에게는 넘치는 열정만큼 기다림이 요구된다.

영혼의 밤이 왔을 때 묵묵히 주님을 기다리는 일은 어렵지만 귀하다. 헌신된 이는 주님을 위해 일하는 데는 익숙하나 주님의 명령을 기다리는 데는 취약하다. 특히 한국 사람들은 더욱 그러하다. 빠르게 돌아가는 일에는 매뉴얼을 보지 않고도 일을 잘하는데, 꼭 지켜야 하는 일 앞에서 우리는 안절부절못한다.

개인적으로 성실하고 실력 있는 다수의 형제들을 알고 있다. 그러나 그들 중 대부분이 끝내 기다리지 못하고 영혼의 밤을 이탈하고자 스스로 불을 밝혔고, 그로 인해서 치명적인 상처를 입는 것을 목도했다.

기다림은 중요하다. 아주 중요하다. **영혼의 밤을 통과하는 주님의 마지막 훈련 카드는 기다림이다.** 기다림이라는 훈련은 지루하고 쓸모없는 듯하지만 이 훈련만큼 귀중한 훈련도 없다. 모세는 40년간의 단순 기다림을, 바울은 10여 년의 기다림 훈련을 받았다. 가끔 주위 지인들 중에 정상에서 무너지는 이들을 목격한다. 그들의 몰락은 스스로 보호하고 스스로 자신의 영역을 구축하고 스스로 방패를 만들고 스스로 자신을 보호하려는 육신의 행동에 굴복한 것이다. 그리고 육신을 쫓아가는 행동을 주님의 인도를 받는 것으로 합리화한다. 오늘날도 많은 재주를 가졌으나 하나님을 기다리지 못해서 스스로 불을 밝히는 이들을 볼 때 마음이 무겁다.

3장

영혼의 밤에 경험하는 인도하심의 증거들

대체 하나님은 왜 우리에게 영혼의 밤을 허락하시는가? 밤만이 우리를 바른 길로 인도하는 것인가? 밤에는 별도 달도 없는가? 어두워야만 새벽이 오는가?

밤에는 별도 있고 달도 있다. 캄캄한 그믐밤은 30일 중 오직 하루뿐이다. 이 책은 최악의 경우인 그믐밤을 잘라 그 속을 들여다본 것이다. 밤을 확대 해석하자는 의도는 아니다. 밤이 긴 사람도 있고 밤이 아주 없는 사람도 있을 것이다.

원치 않게 닥쳐온 캄캄한 밤, 하나님께서 준비하신 세미한 인도하심의 증거들을 함께 살펴보고자 한다.

영혼의 밤에도 엘리야에게 들린 세미한 하나님의 음성처럼 하나님의 임재하심을 느낄 수 있는 증거들이 있다. 하나님이 계시지 않는 듯 칠흑 같은 영혼의 밤에 빛 되신 하나님을 본 사람의 공통적인 증거는 독대(獨對), 수용(受用), 평강(平康) 그리고 감사(感謝)다.

독대(獨對) 영혼의 밤을 지나는 믿음의 선진들에게서 나타나는 공통점은 하나님과의 '독대'(獨對)다. 욥이 그러했던 것과 같이 그 독대는 질문성 응답이 주종을 이룬다. 하나님께서는 모세에게 세 가지 '질문성 응답'을 하신다.

> 여호와께서 그에게 이르시되 누가 사람의 입을 지었느냐 누가 말 못하는 자나 듣는 자나 눈 밝은 자나 맹인이 되게 하였느냐 나 여호와가 아니냐(출 4:11).

피조물이 창조주를 독대할 수 있다는 사실은 참으로 귀하다. 내 이름을 기억하셔서 손바닥에 새기시고(사 49:16) 나의 머리칼이 몇 개인지 세시고(마 10:30) 그 옛적에 나를 짓기를 이미 계획하시고(렘 1:5) 이제 잠시 시간이 지나면 영원한 세계에서 나와 동행하실 분을 유한한 인생이 감히 독대할 수 있다는 약속은 이미 성경에 검증된 것이다.

솔로몬은 정확히 증거했다.

> 그때에 솔로몬이 이르되 여호와께서 캄캄한 데 계시겠다 말씀하셨사오나(대하 6:1).

그렇다. **영혼의 밤에 하나님께서는 어둠 속에서 우리와 '독대'하기를 원하신다.** 이제 독대의 의미를 해석할 때다.

인생의 가장 중요한 때가 언제인지를 분별하는 것은 가치관이나 믿음의 안목(眼目)에 달렸다. 믿는 이에게는 하나님과의 독대가 가장 귀한 시간이다. 아무리 비참한 날들의 연속이라도 하나님과 독대의 시간을 가지면 모든 것이 바뀐다. 신앙의 선진들은 다 그렇게 하나님을 알아 갔다. 하나님의 약속이 이루어지기를 기다리며 24년이라는 긴 세월을 보내던 어느 날 정오에 나타나신 하나님을 독대한 아브라함, 청춘을 바쳐 섬겼던 하나님으로부터 차가운 배신 한 방을 맞고 난 후 40년을 더 보낸 뒤에야 처음으로 하나님을 독대한 모세, 전심전력으로 하나님을 섬기고자 했고 또 하나님의 위대한 업적을 목격한 후 비참한 신세로 전락한 순간 하나님을 독대한 엘리야, 10여 년 감옥살이를 하고도 충분하지 않아서 꽉 채운 두 해를 더 보내고 난 후에 하나님을 독대한 요셉이 그들이다. 진창으로 굴러떨어진 가정사를 감히 어디서부터 손을 써야 할지 도무지 알 수 없던 욥은 38장의 긴 사설 속에서 간신히 체면 유지를 하고 있던 차에 폭풍우 가운데 나타나신 하나님을 독대한다. 그들의 인생에 있어 가장 중요한 순간이 언제였느냐고 물으면 이구동성으로 하나님을 독대한 순간이라고 말할 것이다. 왜냐하면 하나님을 독대한 후에 그들의 인생은 이전과는 판이하게 달라졌기 때문이다.

아무도 없이 홀로 비밀스레 만난다는 독대의 사전적 의미 속에는 거친 들판의 황량함이 묻어난다. 이제까지 의지해 온 것이나 곁의 사람들 때문에 만나 뵐 수 없었던 하나님을 뵐 수 있다는 것은 비로소 의지하던 대상이 없어졌다는 것이다. 하나님은 무슨 수를 써도 독대하지 않으려는 우리의 속마음을 너무나 잘 아시기에 시간을 유예하며 기다리신다. **하나님을 독대한 순간은 바로 자신의 육신을 대면하는 순간이기도 하다.**

그런데 여전히 우리는 이 순간에도 육신을 따라 성령을 거스를 수도 있다. 가인처럼 아들을 낳은 뒤 딴 길을 갈 수도 있고 에녹처럼 65세가 되어 아들을 낳은 후 비로소 하나님과 동행할 수도 있다. 한 사람은 유턴이고 한 사람은 직진이다.

> 제사장들이 그 구름으로 인하여 능히 서서 섬기지 못하였으니 이는 여호와의 영광이 하나님의 전에 가득함이었더라(대하 5:14).

하나님의 임재하심이 일어나면 순간적으로 이 세상의 모든 일은 의미와 가치를 잃어버린다. 심지어 제사까지도 빛을 잃어버리는 장면에 대한 기록이다. 제사가 아무리 중요하다 해도 하나님과 독대하는 일과는 비교가 되지 않는다. 우리는 종종 선한 일이 너무 중요해서 하나님의 임재하심을 간과해 버린다. 하나님과의 독대가 이루어지면 아무리 선한 사역도 빛을 잃어버린다.

독대의 형태는 위로로 나타나기도 하고 또 강한 책망으로 나타나기도 한다. 독대는 평안할 때보다 난처한 때에 일어나는 경우가 많다. 아담, 가인, 아브라함, 욥이 그랬다. 가장 '부끄러운 순간'이다. 아예 태어나지 말았으면 하는 고백이 나올 정도로 하나님을 원망한 엘리야에게 친히 나타나셔서 독대하신 하나님. '왜 나를 이 세상에 나오게 하셨나요'라는 처절한 질문이 하나님과 독대할 수 있는 이유처럼 들린다.

그러나 불행히도 독대 이후에도 인생이 달라지지 않는 경우도 많다. 젊은 부자가 그러했고, 아나니아와 삽비라 부부가 그러했고, 빌라도가 그러했고, 구약의 많은 선지자나 제사장이 그러했다. 기가 막힌 예언을 했던 발람도 독대의 결과가 죽음으로 나타났다. 또한 많은 신약의 방백들도 마찬가지다. 전혀 놀라운 사실이 아니다.

여기서 우리가 일컫는 독대란 무리 가운데 홀로 하나님을 은밀히 만난 뒤 인생이 확연히 달라진 경우다. 무거운 죄 짐을 진 삭개오도 주님을 뵐 수 있다는 말에 인생의 모든 질문이 풀려 버린다. 빌립보 간수는 직업의 현장에서 그러했다. 하나님은 우리의 구차한 질문에 대해 대답하시는 대신 독대를 허락하신다. 하나님을 홀로 뵙는 것이 인생의 모든 문제를 푸는 근본적인 열쇠라면 밤은 결코 무거운 시간도 괴로운 시간도 아닌 전적으로 나의 실체를 보는 시간이고 하나님을 홀로 만나는 시간이고 육신을 대면하는 시간이고 나 자신을 알아보는 축복의 시간이다.

독대에서 일어나는 것은 감정의 교환이다. 나는 종종 성경 공부 시 참석자들에게 다음과 같은 질문을 한다. 현재 자신을 괴롭히는 느낌을 솔직히 적은 뒤 그 내면을 들여다보고, 그 느낌이 왜 이토록 집요하게 자신을 괴롭히는지를 밝혀 보라는 질문이다. 시편 기자는 자신의 감정을 있는 그대로 쏟아 놓을 줄 아는 사람이었다. 일반적으로 그리스도인은 감정을 겉으로 드러내지 말아야 한다고 생각하지만, 하나님을 아는 이는 그렇지 않다. 자기 통제를 잘한다는 것은 마음을 통제한다는 말이지, 느끼지 않고 표현하지 않는다는 말과 동일시하면 큰일이다. 즉 감정은 있는 대로 느끼지만 표현은 가려 하라는 말이다. 시편 기자와 베드로는 감정을 더욱 자극적으로 표현한다.

> 시시로 그를 의지하고 그의 앞에 마음을 토(吐)하라(시 62:8).
> 너희 염려를 모두 주께 맡기라 이는 그가 너희를 돌보심이라(벧전 5:7).

거룩한 수용(受用) 영혼의 밤에는 불편함과 불행과 부족함만 있다. 이것들을 어떻게 능동적으로 수용하는가에 따라 평강의 깊이가 달라지고 영혼의 밤 이후의 삶의 질 또한 달라진다.

계속해서 **환경이 바뀌기만을 기도하면 밤은 점점 깊어지고 어두움은 더욱 짙어 간다.** 나의 기도로 보좌를 흔들려 할수록 밤은 더욱 적막강산이다. 밤은 밤이다. 환경을 바꾸는 일은 낮에도 얼마든지 할 수 있다. 밤은 모든 것이 단절된 시간이다. 어제까지 해왔던 종교생활은 접자. 만일 아직도 종교생활이 유익하다면 밤이 아니다.

이제까지의 삶의 전반을 점검하고 골방에서 하나님과 홀로 대면하며 자신의 모든 자산을 총결산할 때다. 자신의 모든 자산을 과용(過用)했거나, 오용(誤用)했거나, 횡령(橫領)했거나, 전용(轉用)한 모든 잘못이 낱낱이 밝혀지는 시간이다.

세상은 최대한 많은 것을 최소한 짧은 시간 안에 가지라고 재촉한다. 세상을 이기려면 수단과 방법을 가리지 않고 획득하거나 그럴 수 없으면 결핍을 수용하거나 둘 중 하나다. 결핍과 불편과 불행을 감수해야 하고 그에 따르는 통증 또한 수용해야 한다.

수용이라는 단어 자체가 피동적인 의미를 내포하지만, 거기에 머무르지 않고 적극적으로 수용해야 한다. 그것이 바로 성경적인 '거룩한 수용'이다. 수동적으로 수용해도 어느 정도의 효과가 있다. 많은 종교가들이 경험하는 수용이 그러하고 분리(detachment)도 그러하다. 그러나 하나님과 독대 후에 이루어지는 성경적인 거룩한 수용은 그 의미가 전혀 다르다.

거룩한 수용이라는 말 자체가 환경에 변화가 없다는 결론을 전제로 한다. 바울의 세 번의 기도, 입다의 딸의 죽음, 모세의 죽음, 요나단의 죽음, 요시야의 죽음, 하박국의 기도가 그러하다. 환경에 변화가 오지 않아도 삶을 수용하는 것은 이 세상에 속하지 않은 자만이 경험하는 비밀이다.

평강(平康)   독대가 인간이 가질 수 있는 최상의 고상함이라면 그 다음으로 하나님께서 주시는 증거가 '평강'이다.

> 내 하나님의 말씀에 악인에게는 평강(平康)이 없다 하셨느니라 (사 57:21).

재산은 보이는 재산과 보이지 않는 재산으로 구분된다. 세상은 보이지 않거나 만져지지 않는 재산에는 별 가치를 부여하지 않는다. 그런데 성경은 보이는 세상은 보이지 않는 것으로 말미암아 존재한다고 선포한다(히 11:1). 주님을 홀로 만나는 것은 보이지 않는 재산이다. **하나님과 독대를 하면 남의 시선이 더 이상 중요하지 않게 된다. 비록 흑암 속이더라도 하나님께서 주시는 평강이 우리를 덮는다.** 이 또한 개인적이고 주관적인 재산이다.

아무것도 볼 수 없고 아무도 도와주지 않는 적막강산에서 그래도 이 밤에 통용되는 은밀한 강력함이 있으니 그것이 바로 '평강'이다. 눈에는 눈물이 마르지 않고 귀에는 끝이 없는 거절과 비난과 수치가 메아리쳐도 내 마음 그윽이 깊은 곳에 참된 평강이 있다면 험산준령이든 풀 한 포기 보이지 않는 광야든 어느 곳에서도 우리는 평안을 누리며 살아갈 수가 있다.

소아시아에서 모든 것에 욱여쌈을 당한 바울에게 평강이 있었을까? 기록대로 당연히 바울은 절망했다. 모든 수단을 동원해서 살 방도를 찾았을 것이다. 지푸라기까지도. 마침내 살아갈 방도가 막혔다는 사실을 확인하고는 바울은 그의 깊은 혼자만의 골방으로 갔을 것이고 그곳에서 그는 하나님을 독대했다. 그리하여 거룩한 수용이 이루어지자 그는 진정한 하나님의 평강을 경험한다. 그는 이미 독대 훈련이 되어 있었다. 하나님만 의지하는 것이 전부라는 것을 알고 난 후에 그는 평강을 누린다. 골방 가는 경험이 익숙해지면 밤을 지날 때 많은 도움이 된다. 어차피 환경은 변하지 않을지라도 골방에서 하나님과 독대하면 마침내 평안하다는 고백이 나온다. 골방에서 일어나는 현상이다.

감사(感謝) 나윗은 모든 불행의 시작이 그 자신에게서 시작되었으나 그 중심은 하나님께서 흩으시고 분노하시고 갈라지게 하시고 보이시고 마시게 하셨다는 극적인 표현을 한다.

> 하나님이여 주께서 우리를 버려 흩으셨고 분노하셨사오나 지금은 우
> 리를 회복시키소서 주께서 땅을 진동시키사 갈라지게 하셨사오니
> 그 틈을 기우소서 땅이 흔들림이니이다 주께서 주의 백성에게 어려
> 움을 보이시고 비틀거리게 하는 포도주를 우리에게 마시게 하셨나
> 이다(시 60:1-3).

주님 안에서 영혼의 밤으로부터 벗어났다는 사실을 확인할 수 있는 마지막 확실한 증거가 있다. 바로 그 처절한 영혼의 밤을 오게 한 원인에 대한 '감사'다. 나를 궁지에 몰아넣은 그 사람이나 그 사건이나 심지어 나의 죄와 실수조차 감사하고, 나에게 치욕을 가져다준 인생의 사건에 감사하고, 도무지 바꿀 수 없는 환경 그리고 지금도 아픔을 주는 현실을 감사하고, 이제는 도저히 어떤 것과도 바꿀 수 없이 이미 고착화된 나의 일그러진 삶의 원인이 된 그 사람이나 사건에 대한 감사다.
　　최악의 조건에서 인생이 할 수 있는 최선의 행위인 감사가 어떻게 가능할까? 영혼의 밤이 오지 않았다면 결단코 이러한 신묘한 하나님의 영의 세계를 볼 수 없었을 것이라는 확신이 오면 우리가 지불하는 어떠한 대가도 아깝지 않다. 예수님의 비유처럼 밭에서 가장 귀한 보물을 발견했다면 전 재산을 팔아서라도 그 보물을 가지고 싶어 한다. **그래서 감사는 영혼의 밤의 종결이고 완벽한 거룩함으로 나아가는(고후 7:1) 신호탄이다.**

영혼의 밤에 들은 하나님의 음성

대학원 두 해째 겨울, 1978년 1월 아침 6시경 독신료 10층 차가운 바닥에서 주님을 뵌 후 30년간 헌신된 그리스도인의 삶을 추구했으나 인위적인 믿음으로 살았기에 영혼의 밤이 고비마다 매복해 있었다. 정확하게 표현하면 여전히 좀더 편하고 좀더 부하고 좀더 행복하기 원하는 범주를 벗어나지 못했고 긴장된 삶의 연속이었다. 직장 동료와의 갈등, 여자들에 대한 욕정, 목숨이 경각에 달한 여섯 번의 내출혈, 억제된 정욕과 탐심으로 가득 찬 속 빈 강정 같은 헌신 속에는 하나님에 대한 실망감만 증폭되고 있었다.

2000년 49세에 그때까지 모은 모든 연금이 닷컴 버블과 함께 사라지고 난 후 하나님께서 나를 아라비아 사막 한가운데로 몰아내실 때까지도 여전히 주님 안에서 안정된 삶을 추구했다. 자신에게 무엇이 부족한지도 모른 채 30년을 줄기차게 육신에 종노릇하며 헌신한 삶은 긴 밤과 짧은 낮의 연속이었다. 모든 기도의 핵심은 여전히 어떻게 하면 더 행복하고 더 빨리 더 높이 더 편안해질 수 있을까에 대한 간구였고, 선한 사역으로 나의 삶을 수놓는 데 더 많은 시간을 쏟았다. 긴 밤과 짧은 낮은 사정없이 몰아친 하나님의 간섭이었다. 그렇게만 7년이 지나고 신앙생활 30년을 꾹꾹 채운 후 나는 비로소 간사하고 음흉한 육신을 제대로 대면했다.

만 30년을 채우고 첫 달 2008년 2월 19일 나는 사막 한가운데서 또 다른 하루를 맞이하고 있었다. 전날 저녁에 본 뉴스에 기분이 가라앉아 있었다. 동기생 두 명이 한날 한시에 헌법재판관으로 임명을 받았다는 뉴스에 뜬금없이 상대적 박탈감을 느끼는 나 자신이 당혹스리웠다. 나름 30년 동안 전심으로 신앙생활해 왔다고 자부했는데, 갑자기 동기생에게 일어난 좋은 일에 마음이 불편하다는 사실 자체가 나를 우울하게 했다. 아침 일찍 로스앤젤레스에 있는 아내에게 전화를 걸어 "30년 신앙생활을 했는데 아직까지 내 속에 이런 냄새나는 것이 있다"고 넋두리를 하고는 "이것은 아마 내게 바울의 몸에 박힌 가시 같은 것이 아니겠느냐"라고 말하며 위로를 받고자 했는데 의외로 아내는 딱 잘라 "노" 하면서 매정하게 전화를 끊었다.

의외의 대답에 심히 불쾌했고 순간적으로 평정심이 흐트러져 버렸다. 지난 30년의 결혼생활 동안 아내의 조언이나 판단이 어긋남이 없음을 줄곧 목격했기에 불편함은 더했다. 그래도 평소 습관대로 출근 전에 통상적인 기도를 하려고 눈을 감자마자 상상하지 못한 일이 벌어졌다. 하나님의 노하신 음성이었다.

"너는 왜 십계명의 열 번째 계명을 계속해서 범하고 있느냐?"

깜짝 놀라 눈을 뜨고 허겁지겁 옆에 있는 성경책을 펼쳤다. 온몸이 벌벌 떨리는 가운데 십계명 중의 열 번째 계명이 도무지 떠오르지 않았다. 분명한 것은 하나님께서 아주 많이 노하셨다는 점이었으며, 내가 십계명의 열 번째 계명을 범했다는 사실이었다. 손이 떨려 몇 번의 실수를 한 끝에 십계명을 찾았다.

> 네 이웃의 집을 탐내지 말라 네 이웃의 아내나 그의 남종이나 그의 여종이나 그의 소나 그의 나귀나 무릇 네 이웃의 소유를 탐내지 말라(출 20:17).

거대한 철퇴가 나의 머리를 내리쳤고 머릿속이 텅 비었다. 잠시 후 가슴 한가운데서 "맞습니다" 소리가 울려 왔다. 그때까지의 30년 간 신앙생활은 비록 열심을 품었지만 남의 여자를 탐내는 음심과 남의 소유를 탐내는 탐심과 남이 이룩한 선한 사역의 결과에 대한 질투심과 심지도 않고 거두려 하는 요행심 등 성과주의 육신과 종속의존 육신이 범벅된 추한 삶이었다. 끔찍한 충격에 무릎이 꿇어졌다. 가슴 속에 가득했던 자신의 무능에 대한 절망감과 이 먼 사막 한가운데로 나를 몰아내셔서 마지막 남은 자존심마저도 저미게 하시는 무정하심과 절절한 간구에도 침묵하심에 대한 섭섭함과 하나님은 아직도 나에게 무엇인가 빚이 있으시다는 앙금이 급격히 사라지기 시작했다. 구체적으로 제시된 성경 말씀이 옳다고 여겨지는 순간부터 비열한 육신이 경영하고 있던 나의 가치관 창고의 빗장이 풀어졌다. 그 속에 간직했던 온갖 더럽고 추잡한 것들이 투명하게 들여다보였고 회개가 터져 나오기 시작했다. 30년 이상 허울 좋은 신앙생활을 해온 57세 된 교활한 육신이 끝장났다. 추한 육신으로 포장된 인생이 하나님의 예리한 말씀 앞에 찢어져 피가 쏟아지고 골수가 쪼개지고 마침내 지독한 저항의 호흡이 멈추기 시작했고, 늙은 육신의 질긴 명줄이 봄눈 녹듯 사라져 버렸다. 시야를 가로막았던 인위적 믿음과 거대한 육신의 비늘이 벗겨지고 그날까지 바닷가 바위에 끈질기게 붙어 있는 따개비 같은 마지막 자존심에 기생하던 성과주의 육신과 종속의존 육신 그리고 온갖 추잡한 육신이 맥없이 나가떨어졌다. 그날 후로 불어닥친 거대한 변화의 폭풍은 내면의 중심으로부터 일어났고 나의 삶의 지축을 통째로 흔들었고 나의 근본을 철저히 바꾸어 놓기 시작했다.

육신의 필요가 없어지고 이미 받은 것으로도 충분하다. 하나님이 나의 목자시니 여전히 원함은 있으나 필요가 사라졌다. 숨은 쉬면 되고 일은 하면 된다. 사람을 의식하는 어떤 의식이나 겉치레가 무의미해지기 시작했다. 감찰하시는 하나님의 안목이 치졸하면서도 추잡한 나의 육신을 정교하게 발가벗기기 시작했다. 어떠한 사역이 굳이 내가 아니라 누군가를 통해 진행되어도 감사했다. 혹 주님께서 선한 사역을 시키시면 이전과는 달리 결과에 대한 부담이 없었다. 내 몫은 어떤 환경이라도 감당해야 하고, 네 것에는 손대면 아니 된다는 경계가 뚜렷해졌다. 내면 깊은 곳에서 흘러나오는 경계에 대한 두려움이다. 남의 터에 집을 세우는 두려움과 같다.

부러움이 없어진 뒤로 가장 뚜렷하게 일어난 변화는 만족함이다. 이미 나의 삶의 모든 필요가 주님으로 채워졌다는 확신이 밀려오기 시작하면서 삶에 필요한 것이 없어졌다. 틈만 있으면 비집고 나오는 부러움이나 질투심이 봄눈 녹듯이 급격히 사라져 버렸다. 어떤 인생이나 업적이나 사역의 열매도 부럽지 않게 되었다. 이전에는 나의 육신이 조종하는 대로 정욕과 이생의 자랑이 교묘하게 은폐되어 나를 조종했지만 이제는 아니다. 신실한 형제들을 통해 하나님의 역사하심을 접하게 될 때면 위축되는 느낌이 들곤 했었는데 그러한 느낌마저 흔적 없이 사라졌다. 지위 고하를 막론하고 누구를 만나더라도 자유로웠다. 속에 깊이 도사렸던 부러움이 명백한 죄라는 사실에 몸서리가 쳐졌기에 감히 그러한 생각이나 느낌이 자리 잡을 여유가 없어진 것이었다. 나의 전공 분야에서 업적을 이루는 이들을 만나면 그 업적에 합당하게 노력한 그들의 공로에 대해서 객관적으로 생각하게 되었다. 성과주의 육신이 물러간 자리에 대상을 향한 합당한 인정과 존경이 채워져 참으로 감사했다.

이 세상은 묘하다. 가지려고 할수록 가질 수 없던 것들이 부질

없게 다가오고 무엇에도 필요를 느끼지 않게 되자 주어진 과업에 충실히 임할 수 있게 됐다. 그에 따라 결과도 더욱 윤택해졌음은 물론이다. 상생이 이루어진 것이다. 아무리 험한 상대를 만나도 서로의 가치를 높여 줄 수 있는 방법에 마음과 생각이 미친다. 경쟁이 없어도 이 세상을 이기는 방법이 깨우쳐지기 시작한다. 성경의 원리로 경영을 해도 충분히 경쟁력이 있다는 결론이다.

내게 닥친 불행이 축복이고 어떠한 추한 것이나 부정적인 것도 하나님의 살아 계심과 연결되면 그만이다. 찾아 헤매던 행복이라는 신기루가 거룩함에 압도되고 치환(置換)되기 시작한 뒤, 7년이 훌쩍 지난 오늘까지도 이전에 나를 옭아맸던 부러움의 감정이 다시는 찾아오지 않았다. 성과주의 육신은 불철주야 재기를 노리며 부러움이라는 메커니즘을 이용해 교묘하게 나의 삶에 다시 스며들어 오려고 한다. 추하고 원치 않는 일들은 여전히 시시로 일어난다. 그러나 그 모든 추함을 하나님의 거룩하심과 과감히 치환하는 작업이 계속되고 있고, 비록 시간은 걸리지만 아직까지 치환되지 않은 일이나 사건들은 하나님의 시간과 때에 치환될 것으로 본다.

너희는 세상에 속한 자가 아니요(요 15:19).

이 구절은 급격히 자리를 잡은 것이 아니라 지난 7년 동안 내 안에 서서히 자리를 잡기 시작했다. 묵상하면 할수록 오묘한 느낌이 들고 마치 완벽한 음식처럼 여겨졌다. 이 한 구절만 있어도 이 세상의 온갖 부조리를 단번에 제압할 수 있을 것 같은 느낌이 들었다. 일상을 살다 보면 언짢은 일이 마음을 빼앗으려고 하고 짜증이 날 정도로 나를 불안하게 만드는 일들을 만나게 된다. 그런데 그때마다 이 구절을 묵상하면 신기하게도 마음에 평안이 찾아들었다. 내가 이 세상에 속하지 않는다면 나를 키에 얹어서 까불어도 (비록 멀미는 날지 모르지만) 흔들리고 불안해할 이유가 없다. 내가 세상에 속하지 않았으니 이 세상의 것으로 나를 채우거나 저울질할 이유도 근거도 없다. 내가 세상에 속하지 않았으니 과거 또는 현재의 사건이나 사람이 나를 옥죌 수가 없다. 그렇다고 해서 나의 죄에 대한 책임을 회피하는 것은 아니다.

이 세상에 속하지 않았다는 말처럼 나를 단단히 붙잡아 주는 구절도 없다. 나의 좌표가 전혀 다르고 또 확실하다. 이 구절을 생각할 때면 항상 짝으로 등장하는 구절이 '감찰하시는 하나님'이다. 정말이 세상에 속하지 않았는지 다시 한 번 육신의 계략에 넘어가지 않는지 그분이 나를 찬찬히 살펴보신다.

예전에는 실직한 이나 병으로 힘들어하는 이나 장애를 가진 자녀를 둔 이를 만나면 어찌할 바를 모르고 당황했었다. 대학원 2년차, 주님을 영접하고 얼마 지나지 않았을 때의 일이다. 학교 앞 한인 슈퍼에서 사십 대 중년 남자를 만났다. 그에게 열심히 복음을 전했는데 그가 의외의 말을 했다. 자신이 지난주에 실직을 했는데 직장을 구해 줄 수 있냐는 것이었다. 나는 어떤 대답도 할 수 없었고, 그날 전도는 그것으로 끝이었다. '나의 복음이 과연 이 세상의 부조리를 해결해 낼 수 있는가?' 이 질문 앞에서 나는 번번이 패했다. 물론 천국에서는 가능하겠지만 이 세상에서의 처절한 삶에 과연 복음이 적용될 것인지 혼란스러웠다.

그러나 신위적인 믿음의 세계를 경험한 뒤 복음이 현재와 미래 심지어 과거 삶에서의 어떠한 부조리에서도 자유를 누리게 할 수 있음을 알게 되었다. 이것이 바로 믿음의 현주소라고 확신하기에 주저함이 없어졌고 누구를 대해도 복음을 부끄러워하지 않게 되었다. 오히려 귀한 복음이 누구보다도 그러한 부조리한 환경에 있는 이에게 더욱 보편적으로 적용될 수 있고 또 적용되어야 한다고 믿는다. 이런 담대함은 이 세상에 속해 있지 않다는 소속감 앞에서 더욱 확실해진다.

세상에 속하지 않으니 이 세상에 있는 누구나 무엇도 부러움의 대상에서 제외되고 경쟁이 없어지기에 이 세상이 추구하는 것이 아무 소용이 없고 더 빨리 더 높이라는 경쟁의 핵심이 더 이상 유혹의 자리에 앉지 못한다. 더 가져야 되는 이유도 더 많이 있어야 되는 이유도 점차 사라지기 시작했다. 비로소 상대적인 세계가 허물어진 것이다.

그럼에도 여전히 밤은 간헐적으로 찾아온다. 그러나 가장 두드러진 변화는 밤과 낮의 길이가 뒤바뀌었다는 사실이다. 이전에는 긴 밤과 짧은 낮이었으나 이제는 짧은 밤과 긴 낮이다. 밤이 오면 하나님을 발견하고자 하고 또 하나님을 뵙는 시간이 빨라지고 그 시간이 귀하다는 것을 더 깊이 느낀다는 점이다. 이러한 내적인 변화가 자리 잡음과 동시에 기이한 외적인 변화들이 나타나기 시작했다. 그중에 특히 환경을 변화시키시는 하나님의 손길을 본다.

> 사람이 감당할 시험 밖에는 너희가 당한 것이 없나니 오직 하나님은 미쁘사 너희가 감당하지 못할 시험 당함을 허락하지 아니하시고 시험 당할 즈음에 또한 피할 길을 내사 너희로 능히 감당하게 하시느니라(고전 10:13).

이 말씀이 내게 적용되기 시작했다. 예수께서 잡히시던 날 감히 상상할 수 없는 약속들을 주셨다.

> 내가 하는 일을 그도 할 것이요 또한 그보다 큰 일도 하리니 ⋯ 내
> 이름으로 무엇이든지 내게 구하면 내가 행하리라(요 14:12, 14).
> 내 말이 너희 안에 거하면 무엇이든지 원하는 대로 구하라(요
> 15:7).

영혼의 밤에 신위적인 믿음을 가진 이들에게는 환경의 변화가
아니라 독대와 평강과 수용과 감사, 이 네 가지가 주어진다. 가지지 않
은 것이, 불편한 것이, 불행한 것이 죄가 아니고 특권이라고 여기기 시
작하면 어두움이 빛으로 변한다.

4장

영혼의 밤과 믿음의 일곱 단계

믿음의 단계

영혼의 밤과 육신의 관계 그리고 십자가를 설명하다 보면 믿음을 어떻게 가지는가에 대한 근본적인 질문을 받는다. 믿음에 대한 바른 설명이 없으면 믿음을 어떤 '마법'(magic)으로 생각하게 된다. **믿음은 이 세상을 움직이는 근간이다.** 무신론적인 세상에서도 믿음은 엄연히 이 세상을 움직이고 있다. 이 장에서는 믿음의 시간성에 대해 설명하고자 한다.

믿음에도 단계가 있고 불신에도 단계가 있다. 단순히 말하면 '불신'은 환자(患者)와 신자(信子)고 '믿음'은 신자(信者)와 신자(神子)다. 신자(信子)는 모태신앙인으로서 아직 주님을 인격적으로 만나지 못한 믿는 집안의 자녀고, 환자(患者)는 바른 지식이 없이 맹신, 열정만 있고 덮어 놓고 믿기만 하는 '광신'과 세상의 복을 구하는 '미신'으로 구분된다. 믿는 이는 자신이 영접한 하나님을 믿는 '신자'(信者)와 진정한 하나님의 자녀인 '신자'(神子)로 구분된다.

다니엘은 성품 좋고 열정 많은 프랑스인이다. 지난 30년간 줄곧 나와 직업상 교분을 가진 그는 개인 용역회사를 세워 그 회사를 거대 기업에 되팔아서 든든한 경제력을 확보한 엔지니어다. 어느 날 동경 만에 위치한 초밥집에서 오랜만에 활기찬 대화를 주고받던 중 내가 그에게 왜 결혼을 세 번 했고, 신앙을 갖지 않는지에 대해서 물었다. 그는 다음 세 가지 이유로 자신이 신자에서 불가지론자가 되었다며 명쾌하게 설명했다.

첫째, 지금은 과학적인 현상이 아니면 믿을 수가 없는데 자신으로서는 노아의 홍수가 전 지구적으로 왔는지에 대해 과학적으로 설명이 되지 않기에 못 믿겠다고 했다. 둘째, 하나님을 안다고 하는 이들의 삶 속에서 하나님이 계시지 않는 듯한 모습만 본다는 것이다. 신자에게 심각한 도전이다. 유치원 때부터 배운 하나님을 믿고 싶은데 주변 신자들이 도무지 도움이 안 된다는 것이다. 셋째, 결혼이 깨어지지 않게 해달라고 진지한 기도를 했음에도 이혼이라는 결과를 맞게 된 후 자신이 시도한 기도 응답에 대한 과학적인 환상이 무참히 깨어졌다는 것이다. 과학적으로나 자신의 경험으로도 믿기지 않는 것을 어떻게 믿느냐고 반문한다. 그의 반문은 지극히 과학적이고 합리적이고 논리가 정연했다.

다니엘의 믿음의 현주소가 〈USA투데이〉 2014년 11월 27일 신문에 나와 있다. 미국인 중 40퍼센트는 주님과의 교제가 삶에 아무런 감동이 없는 '철 지난 그리스도인'(Post Christian)으로 분류된다. 한때는 주님이 필요했지만 지금은 아니다. 현대 그리스도인이 영혼의 밤을 만나 신위적인 믿음의 세계를 경험하지 못하면 다니엘처럼 인간적인 노력의 세계로 돌입하게 된다. 그래서 영혼의 밤은 믿음의 문제이고 믿음의 전이가 이루어지는 징검다리다. 이때 육신은 징검다리를 건너지 말라고 충동질을 하거나, 징검다리만으로도 충분하다고 속삭인다. 육신의 무력화를 경험하지 못했기 때문이다.

어느 날 '나의 필요'에 의해서 하나님 뵙기를 원할 때 하나님의 허락하심 여하에 따라 인위적 믿음을 갖게 된다. 이때 '나의 필요'는 비록 조건적이긴 해도 나와 하나님을 연결하는 귀중한 고리로 작용한다. 인위적인 믿음을 가지면 하나님께서 나의 삶을 전적으로 책임지시기 때문에(마 6:33) 더 이상 내 인생에 필요한 것이 없어진다. 그래서 **하나님과 연결되고 난 후에는 나의 필요라는 연결 고리가 불태워져야 한다.** 믿음을 가졌는데도 여전히 나의 필요가 믿음의 중심에 있으면 세상과 짝하며 비본질적인 필요를 구하게 된다. 즉 신위적인 믿음의 세계를 경험할 수 없고 하나님이 나의 우상이 된다. 야곱의 고백처럼 '험하고 한 많은 삶'이 된다(창 47:9).

이때 나의 필요가 없어지려면 하나님께서 모든 나의 필요를 충족시켜 주시거나, 나의 필요가 저절로 사라지면 된다. 하나님이 나의 목자 되시기에 더 이상 나의 필요가 없어진 상태 혹은 나의 모든 필요가 충족된 상태가 다윗의 고백이다. "내가 부족함이 없으리로다"(I shall not want, 시 23:1)이다. 영문법적으로 타동사는 목적어가 필요한데 이 구절에서 타동사 'want' 뒤에는 반드시 따라붙어야 하는 목적어가 없고 대신 쉼표만 있다. 철저히 나의 필요가 채워진 상태다. 나의 필요를 충족시키기 위해 급급하던 스스로의 노력이 탕진되고, 마지막 절망의 늪에서 차가운 영혼의 밤을 만나 신묘한 하나님의 영의 세계가 경험되었다.

나의 모든 필요가 충족되기 위해서는 째고 베고 피를 흘리는 할례가 먼저 와야 한다. 99세까지 25년을 기다린 아브라함에게 자식을 주시겠다는 말씀에 아브라함은 속으로 웃는다. 그런데 아브라함은 웃고 그만둔 것이 아니라 스스로 칼을 집어 들고 웃음을 뒤로한 채 자신의 양피를 베고 째고 그리고 피를 흘리고 꿰매는 작업을 했다. 신위적인 믿음의 세계를 잘 설명하는 대목이다.

주님은 우리를 '대신해서' 돌아가셨을 뿐만 아니라 우리와 '함께' 돌아가셨다. 십자가 상에서 육신을 무력화하고자 우리를 베고 째고 피를 흘리고 꿰매는 작업을 하는 것이 신위적인 믿음의 첫 걸음이다. 믿음은 현실이고 실제라서 우리의 후속 동작인 피 흘림과 찢어짐과 베임과 꿰맴이 필요한데, 이것이 바로 십자가 상의 죽음이다.

영혼의 밤은 '나의 필요'가 '하나님의 필요'로 치환되는 기회다. 그러나 영혼의 밤에도 자신의 필요를 하나님의 필요로 치환시키지 못하면 이 괴리 가운데 빠져 방황할 수밖에 없다. 오히려 믿지 않았으면 죄책감 없이 살았을 인생이 믿었기에 낫지 않는 두통을 달고 사는 모양새다.

믿음을 경험하기 위해서는 내면에 세 가지 변화가 일어나야 한다. 먼저 올바른 정보 전달이 이루어지고(전도), 전달된 정보가 처리(내적 결단)되면, 전달된 정보의 질적인 변화가 이루어져야 한다(회개). 이 세 단계 모두 하나님의 주권적인 영역이지만, 예외적으로 우리 인생에게 온전히 맡겨진 한 가지가 있는데 그것이 바로 '정보 처리 영역'이다. 이 때문에 주님은 우리를 향해서 "믿어라! 두려워하지 말고 담대하라!"고 명령하신다.

믿음은 주어지는 것이고 들음에서 나기 때문에 믿음을 가지려면 올바른 정보 전달이 필수다. 어떤 사람은 이를 일컬어 '모태신앙'이라고 하는데 이는 정확한 표현이 아니다.

> 믿음은 들음에서 나며 들음은 그리스도의 말씀으로 말미암았느니라(롬 10:17).

믿음에 대한 이해를 돕는 구절이다. 전달자가 신뢰할 만한 인물이면 거부감이 줄어든다. 그런데 정보 전달은 인생이 할 수 있는 일이 아니라 주님의 영역이다. 즉, 우리가 아무리 들으려고 해도 하나님께서 전달자를 보내지 않으시면 들을 기회가 없고 오직 위로부터 주어져야 한다.

들음의 내용을 보면 믿음이 수용되는 메커니즘을 유추해 볼 수 있다. 사랑의 원천에 대한 디모데전서 말씀을 통해서 믿음을 경험하는 과정을 살펴보자.

> 이 교훈의 목적은 청결한 마음과 선한 양심과 거짓이 없는 믿음에서 나오는 사랑이거늘(딤전 1:5).

사랑은 마음이 청결하든지, 양심이 선하든지, 믿음에 거짓이 없으면 된다. 이 세 가지 조건은 다른 것 같지만 사실 비슷한 내용이다. 양심은 깨끗하기도 하고 더럽혀지기도 하는데(딤전 1:5, 히 10:22) 영어 단어를 보면 흥미로운 실마리를 잡을 수 있다. 영어로 'conscience', 즉 con(집합)＋science(지식)다. 곧 지식의 집합체가 양심이다. 따라서 하나님에 대한 올바른 지식(정보)이 많아지고 올바르지 않은 정보가 줄어들면 양심이 깨끗해진다.

믿음 또한 하나님에 관한 올바른 정보가 올바르지 않은 정보보다 많을 경우 온전해진다. 인생이 믿음을 수용하기 위해서는 하나님에 대한 올바른 정보를 가능하면 많이 입력하고 잘못된 정보는 거부해야 한다. 설교나 찬송이나 신령한 언어 등은 하나님의 성품을 찬양하는 정보이고, 예배는 그러한 정보에 대한 우리의 올바른 태도다.

정보 처리(내적 결단) 어떤 이는 많은 정보를 제공하지 않아도 결신을 하고 어떤 이는 많은 정보를 받아들여도 믿음에 이르지 못하는 경우를 본다. 그래서 막연히 전달된 정보의 양만으로 믿음과 결부시킬수가 없다. 정보 입력은 정보 처리 시에 요구되는 네 가지 동사 "받아들이다", "거부하다", "교환하다", "지우다"에 의해 결정된다. 믿음의 주체이신 하나님에 대한 바른 정보 유입이 결정적이다.

이때 정보가 입력되려면 우리 속에 내재하는 육신과의 교류가 먼저 일어나야 한다. 올바르지 않은 정보는 육신이 즉시 받아들이지만 올바른 정보를 받아들일 때 육신은 격렬한 다툼을 벌인다. 육신의 조종을 받는 이는 올바른 정보를 수용하는 데 많은 시간이 걸리거나 아예 거부하기도 한다. 반대로 육신이 강하지 않은 이는 수용하기까지 걸리는 시간이 짧다. 이처럼 개인적인 시간 차이가 존재하는 이유는 육신의 강도 혹은 내적 상처의 정도와 관계가 있다. 정보 처리 시간은 개인이 가지고 있는 육신의 강도와 반비례한다. 따라서 믿음은 다음과 같은 함수를 만들 수 있다.

$$\text{믿음} = f(\text{하나님에 대한 올바른 정보량} - \text{육신의 강도})$$

하나님에 대한 올바른 정보가 전달되고 입력되게 하려면 이미 잘못 입력된 정보와 교환해서 지워야 하고, 잘못된 정보가 또 들어오려 하면 거부해야 한다. 정확한 정보를 입력을 했는데도 잘못된 정보를 지우지 않고 남겨 두면 사탄이 하나님의 말씀을 혼잡하게 하는 도구로 사용한다(고후 4:2).

정보의 질적인 변화(회개) "구슬이 서 말이라도 꿰어야 보배"다. 인간 스스로의 정보 처리만으로는 믿음을 경험하는 것이 불가능하다. 입력된 정보가 믿음으로 전환되는 질적 변화가 일어나야 하는데, 이 부분은 전적으로 하나님의 영역이다. **믿음은 인간 스스로 만들어 내지 못한다.** 복음주의자들이 전도 시에 제시하는 "구원의 확신이 있습니까?", "구원을 받았습니까?" 등의 질문 또한 하나님께서 질적인 변화를 주시고 난 직후의 현상을 표현하는 데 불과하다. 복음 제시를 했을 때 급격히 수용한다고 해서 그 변화 전후에 관련된 사건이나 사람들이 그 변화를 일으켰다고 생각하면 오산이다. 특정한 사람이나 사건과 방법이 급격한 믿음의 반응을 불러일으켰다고 생각하면 복음의 핵심을 오해하는 것이며 실제로 이러한 함정에 빠지기가 쉽다. **믿음을 경험하는 마지막 관문은 철저히 하나님의 영역이라는 사실을 간과해서는 안 된다.**

신앙생활을 시작하고 얼마 되지 않아서 복음 전달에 탁월한 은사가 있는 전도자를 만난 적이 있다. 그가 제시하는 성경 구절은 항상 새롭고 눈과 귀를 번쩍 뜨이게 했다. 어느 날 그가 전한 복음 설교를 듣고 철옹성 같은 한 경제학도가 긍정적인 반응을 보이기 시작했다. 그 광경을 목격한 나는 복음 제시의 방법이 얼마나 중요한지에 대해서 탄복을 했고, 그 후로 얼마간 그 방법을 암기하고 연구하고 실제로 사용하기도 했다. 오랜 세월이 흐른 후 다시 그 경제학도를 만났다. 그런데 그는 정작 신앙이 없었다. 믿음의 질적인 변화는 어디까지나 하나님의 영역이기에 그는 지식적으로만 하나님을 습득한 것이었다. 그날 그 탁월한 복음 제시자의 몫은 하나님에 대한 한 가지 정보를 던진 데 불과하다는 결론을 내기까지는 많은 시간이 필요하지 않았다.

그렇다. 우리는 쉽게 어떤 방법을 습득하기를 원한다. 그렇다고 해서 복음 제시의 방법을 부정하는 것은 어리석다. 복음을 효과적으로 제시하는 방법을 습득하는 것도 유익하다. 그러나 그 방법이 무조건 하나님의 마음을 움직이고 사람의 마음을 움직이는 것이 아니다. 인생은 하나님에 관한 정보의 씨앗을 던지는 역할을 한다. 그렇다고 해서 던지는 것이 과연 단순한 일인가 하면 결코 그렇지 않다. 하나님의 일을 피조물이 대행할 수 있다는 것은 최고의 특권이다. 한 인생이 하나님을 향해 회개하기까지는 무수한 정보 전달과 반발과 처리 과정이 이미 선행된 것이다. 이러한 전제를 무시하게 되면 인간 스스로가 생산해 내는 믿음으로 무엇을 꾸미는 세속적 인본주의의 그늘을 벗어나지 못한다.

스스로의 정보 처리만으로도 충분히 믿음이 생길 수 있다는 주장이 '긍정적 사고방식'이다. 이 긍정적 사고방식이 비록 원하는 결과를 가져온다 해도 하나님과는 무관한 일이다. 입력된 정보가 인생 스스로의 결정이 아니라 **하나님의 주권적인 개입을 통해 정보의 질적인 변화가 일어나야만 올바른 믿음이라 할 수 있다.** 이는 들음과 마찬가지로 철저히 하나님의 영역이다.

하나님의 올바른 정보가 하나씩 유입되던 어느 날 하나님이 정하신 일정량에 이르면 잘못된 정보들에 의한 그릇된 행동과 감정에 대해 회개가 터져 나오며 비로소 나에게 믿음이 주어졌다는 사실을 경험하고 감격한다. 바로 이때가 바울이 골로새 교회에게 말한 '하나님의 은혜'를 깨달은 날이다(골 1:6).

성경에 이와 유사한 현상을 설명하는 구절이 바로 가나안 일곱 족속들의 죄가 관영할 때까지 하나님께서 이스라엘의 가나안 입성을 미루신 대목이다(창 15:16). 430년간의 애굽 종살이를 말할 때 하나님의 시간이 이르렀다고 말하는 것과 흡사하고, 그와 동시에 가나안 족속들의 죄가 일정량에 도달한 것과 절묘하게 맞아떨어진다. 오직 '하나님이 정한 시간이다. 마치 알 속의 새끼가 깨어나면서 껍질을 깨뜨리는 순간과 어미가 부리로 알의 껍데기를 쪼아 주는 시간이 일치하는 것과 유사하다. 믿음도 일정량의 정보가 유입되어 나의 내부 정보와 교환하고 지우고를 반복하다 보면 어느 날 영의 눈이 열리며 자신의 변화를 스스로 느끼게 된다. 어떤 이는 이 시간을 기억하고 간직하지만, 어떤 이는 변화가 오기는 와도 그 찰나를 기억하지 못한다. 변화의 시간을 알고 기억하는 것은 좋지만 더 중요한 것은 지금 여기서 하나님의 은혜를 깨닫고 있는가 하는 점이다. **변화를 느끼는 시간은 철저히 하나님의 시간이지 인간의 시간이 아니다.**

올바른 정보가 아무리 많아도 강력한 육신이 입력된 정보를 변질시키거나 거부하면 믿음이라는 질적인 변화가 오지 못하고 그저 정보로만 남는다. 일정량의 정보 유입이 있고 난 후의 질적인 변화를 설명하는 메커니즘이 여러 가지 있다.

'티핑 포인트'(Tipping point, 어떤 것이 균형을 깨고 한순간에 전파되는 극적인 순간)라는 단어는 새로운 그러나 다시 돌이킬 수 없는 현상이 일어나는 그 순간을 말한다. 그 순간을 만나기까지는 일정량의 시간이 필요하다. 시소를 탈 때 비슷한 무게가 주어지기 전까지는 발을 굴려야 하는 이치와 유사하다. 한편 믿음의 질적인 변화를 경험하는 메커니즘을 가장 근접하게 설명하는 법칙이 헤겔의 '양질 전환의 법칙'이다. 어느 현상이 축적되어 정점에 이르면 질적인 변화가 발생하는 법칙이다. 하나님께서 인생 각자에게 정해 놓으신 일정량의 하나님에 대한 정보가 우리 안에 유입되면 마침내 은혜를 깨닫는 시점이 오고 믿음을 경험하게 된다. 이 티핑 포인트는 전적으로 하나님 소관이다.

그래서 "믿어라!"라는 명령에 합당한 우리의 행동은 믿기지 않는 사실에 대해 억지로 믿는 척하는 행동도 아니고, 또 선뜻 믿기지 않으니 과학적이지 않다고 부인해 버리는 불신의 행동도 아니고, 비록 하나님을 믿는다고는 하지만 행동이 받쳐 주지 못하는 교인들을 보고는 하나님을 부정해 버리며 마치 "빈대 잡으려고 초가삼간을 태우는" 행동도 아니고, 자신에게 닥친 원치 않는 사건을 해결해 주지 않는다고 해서 하나님을 거부해 버리는 주관적인 판단도 아니다.

피조물이 할 수 있는 유일한 행동은 하나님에 관한 올바른 정보가 들려올 때 비록 그 정보가 통증을 수반해도 변명이나 자기 합리화를 하지 않고 있는 그대로를 일단 수집한 뒤, 그 정보가 옳은가 아닌가를 판단하기 위해 수집된 올바른 정보와 연결해서 우리의 마음이라는 거대한 컴퓨터에 입력시켜야 한다.

이 전부를 '거룩한 수용'이라고 정의하고 싶다. 이러한 거룩한 수용의 단계는 특히 부조리를 만났을 때 탁월한 효과가 있다. 현대인들이 겪는 가장 큰 난관은 부조리에 대한 해석이다. 동성애라던가 인종 갈등 등 도저히 풀지 못하는 매듭이 있는 곳에서 행해야 하는 것이 바로 거룩한 수용이다. 거룩한 수용은 능동적이면서도 수동적인데, 믿음의 바탕이 없으면 결코 일어날 수 없는 거룩한 행함이다.

> 믿지 아니하는 남편이 아내로 말미암아 거룩하게 되고 믿지 아니하는 아내가 남편으로 말미암아 거룩하게 되나니 그렇지 아니하면 너희 자녀도 깨끗하지 못하니라 그러나 이제 거룩하니라(고전 7:14).

부조리가 명백하다고 결론이 나면 거룩한 수용은 필수다. 그렇지 못하면 정반대의 길을 모색해야 한다. 이 점을 탁월하게 실천한 이가 입다의 딸이다. 이와 유사한 반응을 한 이들이 베뢰아 사람(행 17:11)이다. 그들은 영적인 거인인 사도 바울의 설교를 듣고도 무분별하게 받아들이거나 또 즉시로 거부하는 행동을 하지 않고 바울의 말이 성경에 합당한지 아닌지를 조사해 보는 믿음의 여유를 보였기에 바울은 그들의 행동을 고상하다고 칭찬했다.

믿음의 시간성과 변이

오늘도 배달된 우유 한 팩을 따서 아무런 의심 없이 마시는 이유는 그 제품에 대한 믿음이 있기 때문이다. **이 세상을 움직이는 근간인 믿음에는 시간성, 즉 단계가 있다.** 다음 일곱 개의 성경 구절을 통해서 믿음의 시간성과 변이를 살펴보자.

> 태초부터 있는 생명의 말씀에 관하여는 우리가 들은 바요 눈으로 본 바요 자세히 보고 우리의 손으로 만진 바라(요일 1:1).

이 성경 구절은 믿음을 다음 네 동사로 표현했다. 들었고, 보았고, 주목했고, 그리고 만졌다. 믿음의 시간성이다. 믿음이 현실 세계와 부딪혔을 때 시간성을 무시하면 신비주의로 돌입하게 된다.

> 믿음으로 말미암아 그리스도께서 너희 마음에 계시게 하시옵고 너희가 사랑 가운데서 뿌리가 박히고 터가 굳어져서 능히 모든

성도와 함께 지식에 넘치는 그리스도의 사랑을 알고 그 너비와 길이와 높이와 깊이가 어떠함을 깨달아 하나님의 모든 충만하신 것으로 너희에게 충만하게 하시기를 구하노라(엡 3:17-19)

마음에 계심, 뿌리가 박힘, 터가 굳어짐, 지식에 넘침, 사랑을 앎, 너비와 길이와 높이와 깊이가 어떠함을 깨달음, 모든 충만함. 이 일곱 개의 동사를 통해 믿음의 시간성과 현실성을 기막히게 표현했다.

복음에는 하나님의 의가 나타나서 믿음으로 믿음에 이르게 하나니(롬 1:17).

믿음의 변이를 구체적으로 표현한 구절이다. 믿음으로 말미암아 다음 단계의 믿음으로 나아가는 역동성 때문에 "의인은 반드시 믿음으로" 살아갈 수밖에 없다.

오직 하나님께서 각 사람에게 나누어 주신 믿음의 분량대로 지혜롭게 생각하라(롬 12:3).

자신의 믿음만큼 하나님을 알고 자신을 안다는 말이다. **각 사람이 가진 믿음에는 그 사람 고유의 분량이 있다.** 믿음이 연약한 이도 있고 믿음이 강한 이도 있으니, 나와 타인의 믿음의 분량이 다름을 인정하기 시작하면 자유를 경험할 수 있다.

지금까지는 너희가 내 이름으로 아무것도 구하지 아니하였으나 구하라 그리하면 받으리니 너희 기쁨이 충만하리라(요 16:24).

믿음에 정확한 시간이 있음을 말씀하신다. 믿음의 세계에는 단계에 따라 구할 때가 있고 구하지 않아야 할 때가 있다는 말씀이다. 어느 시점부터 구하는 내용이 달라져야 한다. 처음 주님을 영접한 뒤 이것저것 많은 것을 간구하지 않아야 믿음 성장에 유익이 된다. 믿음의 분량을 모르고 하나님의 약속을 적용하면 신앙 성장에 독이 된다.

성령으로 시작하였다가 이제는 육체로 마치겠느냐(갈 1:3).
형제들아 너희가 자유를 위하여 부르심을 입었으나 그러나 그 자유로 육체의 기회를 삼지 말고 오직 사랑으로 서로 종노릇하라(갈 5:13).

인생은 어느 믿음의 단계에 있든 항상 육신의 종으로 타락할 수 있다. 뒷문은 항상 열려 있다. 상담의 종국이 회개라고 결론을 내린 이유는 마음의 상처도 믿음의 문제이기 때문이다. 혹독한 영혼의 밤을 지나 아무런 잘못도 한 적이 없는 듯한 욥이 회개에 이른 것을 보면 (욥 42:6) 어떠한 처지의 신자도 회개와 관련이 없다고 말하지는 못한다. 회개를 통해 한 단계 높은 믿음의 세계로 가지 못할 경우 감수해야 할 그 많은 통증과 아픔은 갈라디아교회를 향한 바울의 권면의 말씀에 잘 나타나 있다.

너희가 이같이 많은 괴로움을 헛되이 받았느냐 과연 헛되냐(갈 3:4).

자신이 어느 믿음의 단계에 있는지를 알면 그만 한 하나님의 안목을 가진다는 말씀이다. 자신에게 일어나는 일련의 영적인 사건들을 믿음의 분량만큼 이해하고 분량만큼 행하면 된다. 만일 분량 이상 혹은 분량 이하를 감당하면 우리에게 해(害)가 될 뿐이다.

믿음의 일곱 단계를 정리하면 아래와 같다. 처음 네 번째 단계까지는 순서가 중요하다. 그다음 단계인 생명부터는 디퍼 워크 단계로 칭할 수 있다. 흥미로운 사실은 믿음의 세계에서는 현재 믿음으로는 한 단계 높은 믿음의 세계를 절대로 알거나 이해하거나 경험할 수 없다는 점이다. 그래서 천국에서는 불만이나 시기 질투가 있을 수 없다. 쉬운 예로 십자가의 도가 불신자들에게 어리석게 보이는 이유도 마찬가지다. 불신자들과는 절대로 공유할 수 없는 믿음의 세계이기에 불신자들은 부러워하거나 탐을 낼 수가 없다. 마찬가지로 낮은 단계의 믿음을 가진 이는 더 높은 믿음을 부여받지 않고는 결코 더 높은 믿음의 세계를 상상할 수 없다. 다음 제시한 믿음의 단계를 살펴보자.

구세주
구세주/주님
주님/구세주
주님/구세주/생명
생명
친구
부활

위의 각 단계는 하나님과 우리와의 관계에 주어지는 자유함과 풍성함에 차이가 있다고 본다. 주님을 구세주로 영접하고 불신을 면하면 그때까지 경험하지 못했던, 감히 상상하지도 못한 '작은 자유'를 하나님께서 허락하신다. 그 작은 자유를 어느 날 주님께 반납하려는 결심을 하게 되면 예수님은 나를 붙드신다. 이제는 자유가 아니고 '주님'의 완벽한 종으로 자부심을 갖기 시작한다. 그리고 이 자부심이 어느 날부터 '완벽한 자유'로 바뀌기 시작하면서 주님은 나에게 '생명'으로 다가오신다. 이 무한한 자유를 육신의 기회로 넘기지만 아니하면 (갈 5:13) 생수가 쉼 없이 흐르는 완벽한 자유를 경험하는 영의 세계가 현실에서 경험된다. 그리고 이 완벽한 자유를 마침내 주님께 돌려 드리면 주님은 나를 '친구'라고 부르신다. 왜냐하면 친구를 위해서 목숨을 버리는 것이 가장 큰 사랑이기(요 15:13) 때문이다. 생명과 친구의 관계를 유지할 즈음에 주님의 말씀이신 "내가 세상에 속하지 아니함 같이 그들도 세상에 속하지 아니하였사옵나이다"(요 17:16)와 같이 비록 이 세상에 살지만 이 세상에 살지 않는 유일한 특권을 누린다.

믿음의 상태 변이

나의 결점, 부러움, 경쟁, 야망 그리고 경제에 대한 성경적 이해가 이루어지면 나의 삶에 결정적인 변화가 일어나기를 원하게 된다.

언젠가 이런 이야기를 들었다. 애벌레 한 마리가 한 무리의 다른 애벌레들과 기어가고 있었다. 그 애벌레는 다른 무수한 애벌레들이 자기와 같은 방향으로 길을 가고 있음을 발견하고 깜짝 놀랐다. 주위 애벌레에게 어디로 가는지를 물었으나 누구 하나 시원한 대답을 주지 않았다. 한참을 기어가던 애벌레는 앞을 가로막는 거대한 언덕을 기어오른다. 한 가지 신기한 점은 그 앞에 놓여 있는 언덕이 어떤 곳인지, 자신들의 목적지가 어디인지도 모른 채 열심히 기어오르고 있다는 사실이다. 애벌레는 한 발이라도 쉬면 밟혀 죽을 것 같은 '스템피드'(stampede) 상태에 빠지지 않으려고 기고 또 기었다. 모두가 그렇게 열심히 서로를 밟고 뛰어넘으며 앞으로 나아가고자 했다. 이때 한 무리의 애벌레들이 목표점을 찍고 다시 내려오는 게 보였다. 그들에게 무엇이 있는지를 이 애벌레가 물어보았으나 그들은 아무 대답이 없이 열심히 앞만 보며 기어 내려갔다. 마침내 이 애벌레 역시 대망의 목표점을 찍었다. 엄청난 감격 속에 정상 위의 무엇을 기대하며 정점을 찍는 순간 애벌레가 깨달은 것은 자신이 우뚝 선 곳 밑부분이 쉬지 않고 움직인다는 사실이었다. 자세히 보니 자신이 기어오른 그 민둥산 전체가 움직이고 있는 게 아닌가? 사실 그 민둥산은 기고 있는 수많은 애벌레들로 이루어진 것이었다. 그는 꿈꾸어 왔던 목표점이 존재하지 않는다는 사실에 망연자실한다. 결국 애벌레는 허전함과 절망감에 뼛속 깊이 박탈감을 느끼며 왔던 길로 다시 기어 내려갈 수밖에 없었다. 이때 갑자기 눈앞에 나비가 날아가면서 애벌레를 향해 윙크를 한다. 가만히 보니 아까 먼저 기어내려 가던 무리 중 한 녀석이었다. 이제 그는 더 이상 애벌레가 아니었다. 애벌레였던 나비는 끝없이 비상했다. 그가 날아간 뒤에는 생전 처음 보는 맑고 높고 푸른 하늘이 있었고, 그의 비상은 눈부시게 아름다웠다. 그의 얼굴은 바로 그 애벌레가 항상 기리던 얼굴이었다. 나비는 이미 시계(視界)에서 멀리 날아가 버렸다.

그렇다. 질투와 야망과 경쟁의 질곡에서 해방되기 위해서는 애벌레가 아니라 나비가 되면 된다. 나비에게는 더 이상 경쟁을 해야 할 한정된 밥그릇이 존재하지 않는다. 경쟁은 애벌레에게 국한된다. 기는 자와 나는 자는 경쟁 관계가 아니다. 나비는 삼차원의 공간과 시간을 종횡무진하면서도 결코 지치지 않는다. 자원이 고갈되지 않는 세계에 있기에 경쟁에 목맬 하등의 이유가 없는 것이다. 소위 요즘 말하는 '블루오션'이 바로 나비의 삶이다. 여호와께서 나의 목자이니 부족함이 없다는 고백이다. 나비가 염려하는 것은 날개를 흔들 때 혹 중력이 미치지 못해 더 이상 날지 못하는 것뿐이다.

목회를 10여 년 해온 목사는 더 이상 교회가 부흥하지 않아 답답하고, 회사원은 진급하지 못해 답답하고, 자영업자는 매출이 시원치 않아 답답하고, 연구원은 수행 과제에 예상했던 결과가 나오지 않아 답답하다. 데이터 조작이나 비정상적인 거래나 비난받는 목회도 이런 답답함에 연유한다. 근본 이유는 날지 못하기 때문이다. 나비는 더 이상 애벌레의 삶을 살지 않는다. 수많은 애벌레가 한 방향으로 기어나가고 있어도 나비는 당당하게 하늘 한가운데를 가로질러 날아가면 그만이다. 경쟁이나 야망이나 부러움이라는 단어는 이 나비의 세계에 존재하지 않는다.

부러움도 없고 야망도 없이 경쟁도 하지 않은 채 이 세상에서 어떻게 어깨를 펴고 살란 말인가? 당연한 질문이다. 이런 당돌한 행위를 피하라는 명제는 결국 산속으로 들어가 절간을 찾든지 아니면 실패자로 살든지 그것도 아니면 적당히 한 세상 그럭저럭 때우며 살다 천국 입성하면 그만이라는 현실 도피적인 신앙관을 양산하는 것으로 받아들일 수 있다. 그러므로 본질적인 변이가 필요하다. 이것이 생물학적 상태 변이다. 이때 우리에게 필요한 것이 신위적인 믿음이다. 이를 위해 주님께서는 십자가를 선택하셨고, 그래서 우리로 자신을 부인하고 각자의 십자가를 지고 현실 속에서 주님이 가신 길을 따라오라고 하셨다. 바로 그것이 나비의 삶이다.

평생을 기어 다니기만 하던 애벌레에게 무슨 일이 있었던 것일까? 애벌레는 날 수 있다는 가능성을 인식하고 목마름을 느꼈다. 이때 '목마름'이라는 단어는 '원함'과 같은 말이다. 원함이라는 단어는 다음 성경에서 강조된 단어와 동의어다.

> 내 아들아 네가 만일 나의 말을 **받으며** 나의 계명을 네게 **간직하며** 네 귀를 지혜에 **기울이며** 네 마음을 명철에 두며 지식을 **불러 구하며** 명철을 얻으려고 **소리를 높이며** 은을 구하는 것 같이 그것을 **구하며** 감추어진 보배를 찾는 것 같이 그것을 **찾으면** 여호와 경외하기를 깨달으며 하나님을 알게 되리니(잠 2:1:-5).

한 순간의 선택이 아니라, 가치관의 철저한 변화가 이루어질 때 비로소 비상이 시작된다. 광야에서 40년을 자족하게 살았던 모세가 그러하고, 회심 후 10여 년의 세월을 야인으로 보낸 바울이 그러하고, 65세에 고대하던 아들을 맞은 에녹이 그러하고, 130세가 되어 비로소 빈손이 된 야곱이 그러하고, 바알을 좇던 450인을 처단한 뒤 나락으로 떨어지고 난 엘리야가 그러하다. 우리 속에 있는 가치관이라는 창고 속에는 모태에서부터 우리가 허락한 모든 것이 담겨 있다. 들어갈 때도 우리의 허락 없이는 들어갈 수가 없고, 한번 들어간 것은 우리의 허락 없이 절대로 밖으로 빠져나가지 못하는 보물 창고다. 올바른 정보가 쌓이면 '선한 양심'이라는 분별력이 생긴다. 우리가 할 일은 성경을 읽고 듣고 공부하고 묵상하고 적용하는 가운데 바르고 정확한 정보를 우리의 보물 상자 속에 수집하는 일이다. 차곡차곡 수집하다 보면 어느 날 선하고 거짓이 없고 청결한 정보가 차고 넘치는 날이 온다. 그때가 바로 하나님께서 우리에게 믿음을 경험하도록 허락하시는 시간이고 우리의 영안이 열리는 때이며, 양질 전환의 법칙이 결과로 나타나는 시간이요 하나님의 은혜를 깨닫는 시간이다(골 1:6). 그날 이후로 나비의 비상이 시작된다. 상태 변이를 하는 그 비상은 오직 하나님의 몫이다. 우리의 몫은 정확한 정보를 수집하는 일이며, 나의 내면의 재고 정리를 하면서 주님을 기다리는 일이다.

바로 이때가 도무지 보이지 않는 하나님을 앙망하는 이에게 신묘한 하나님의 묘수가 등장하는 시간이기도 하다. 욥기 1장에서 38장에 이르기까지 깊은 영혼의 밤이 지속된 끝에 하나님께서는 마침내 폭풍우 속에서 욥에게 나타나셨고, 번개 속에서도 폭풍우 가운데서도 결코 나타나지 않으시던 하나님께서 세미한 음성으로 엘리야에게 나타나셨고, 밤이 맞도록 그물질을 하다 기진맥진한 제자들 앞에 주님이 나타나셨다. 그 모습은 다양하다. 한 가지 분명한 것은 언젠가는 반드시 나타나신다는 사실이다. 때와 시기는 내 것이라 주장하던 것들이 다 사라지고 난 후다. 애벌레가 기어 올라갈 이유를 모두 상실했을 때에야 홀연히 비상을 경험하는 것과 마찬가지다. 말로만 듣던 양질 전환의 법칙이 나의 삶에 적용되는 순간이다. 그때까지 축적되었던 우리의 보물 창고 속의 에너지가 하나님의 지시에 의해서 지각변동을 일으킨다. 그리고 그 내재된 에너지는 이제까지 생활했던 모든 관습과 전통을 뛰어넘어 찬란하게 비상함으로써 전혀 다른 차원의 공간으로 우리를 날아가도록 이끈다.

애벌레와 나비의 삶의 목표는 근본적으로 다르다. 애벌레의 삶의 목적은 비록 기어 다니는 인생일지라도 어떻게든 '잘 기어 보자'는 것이다. 애벌레는 기어 다닐 수밖에 없는 자신의 한계를 너무나 잘 알기에 '잘' 기어가기 위해서 하나님을 필요로 한다. 그러나 결코 기어 다닐 필요가 없는 나비의 목표점은 배설물로 만들어진 민둥산을 올라가는 것이 아니다. 잘 산다, 못 산다는 구분은 기어가는 애벌레 세계에서만 존재하는 것이지 날아다니는 나비의 세계에서는 아무런 의미가 없다.

많은 이는 언젠가 나비의 삶을 선택하리라고 말한다. 하지만 그러한 일은 일어나지 않는다. 그 어느 날이 '오늘'이 되지 않는다면, 내일이란 절대로 오지 않는 내일일 뿐이다. **신앙 세계에서는 오직 '현재'만이 존재한다.** 혹 어떤 이들은 위기 상황(emergency)을 만나면 나비의 삶을 선택할 것이라고 한다. 그러나 그러한 선택은 존재하지 않는다. 위기 상황이 일어나면 단순히 내 속에 들어 있던 것이 '밖으로 나오기'(emerge) 때문이다. 곰곰이 생각해 보자. 위기를 만났을 때 평소에 기대하지 않은 행동이 나오기에 그때에 더 나은 결과를 얻을 것이라고 기대할 수 있는가? 결코 그렇지 않다. 위기 상황을 만나면 평소의 모습이 극히 짧은 시간에 압축적으로 나타나기 마련이다. 직관력이란 지난날의 풍부한 느낌과 경험이 결합되어 만들어지는 것이므로 평소에 압축된 행동 양상이 위기 상황에 저절로 흘러나올 뿐이다. 오늘 준비가 안 된 이가 내일이 오면 불현듯 기대했던 삶을 살 수 있을까? 그런 일은 없다.

닫는 글

동이 틀 무렵이 더 캄캄하고 춥다. 몰랐을 때는 그렇다 치지만, 육신에 대한 모든 공작을 다 알게 된 후에도 여전히 캄캄하고 춥다는 사실이 참으로 당혹스럽다. 과거와는 비교할 수 없을 정도로 영성이 깊어지고 영안도 밝아졌으며 삶의 전반이 분명 달라졌음에도 여전히 나를 옥죄는 무언가가 있다.

신위적 믿음은 경험적이고 방대하다. 날마다 색다른 신앙의 세계가 펼쳐지고, 그 누구도 방해하거나 당해 낼 수 없으며, 아무도 판단할 수 없는 그곳이 바로 신위적 믿음의 세계다.

이 책을 읽는 것만으로 신위적 믿음의 세계를 경험하지는 못할 것이다. 이 세계는 아무도 범접할 수 없는 곳이고 인간의 조작으로는 접근 불가한 곳이기 때문이다. 신위적 믿음의 세계는 오직 하나님만의 전유물로서 그분이 화염검으로 철저히 막고 계신다(창 3:24).

자신의 몫은 아무도 대신해 주지 못한다. 십자가에서는 반드시 한 가지 사건밖에 일어나지 않는다. 내 속에 거하는 '육신의 타살'이다. 나의 죄나 실수나 생래의 맹점이나 삶의 부조리는 하나님의 신묘한 세계를 보게 하는 조건이 된다. 추하고, 피하고 싶고, 억울하고, 초라하기 때문에 하나님만 의지하게 된다는 사실이 인생에게는 가진 가장 귀한 반전이고 역설이며 이보다 더한 한 방은 없다.

긴 시간 이 책을 꾸려 나가며 내리는 마지막 결론이다. 인생에게 가장 귀한 것을 한 가지 꼽으라면 바로 '원(願)함'이다. 원함을 바탕으로 성경적 목마름과 고상함에 대한 추구를 삶에 적용하면 나이와 관계없이 최선의 삶을 경험할 수 있으며, 비록 육체의 기력이 쇠락해도 거룩함이 주도하는 신위적인 믿음의 삶을 누릴 수 있다.

이 세계에 대한 원함을 품으면 믿음은 엉켜 있는 실타래가 아니라 봄눈 녹아 이루는 개천처럼 맑고 투명하고 복잡함이 사라지는 거룩함을 드러낸다. 거룩함을 드러내는 믿음은 오늘도 이 세상을 움직이고 있다.

2016년 7월

최호진

영혼의 밤

Dark Night of the Soul

지은이 최호진
펴낸곳 주식회사 홍성사
펴낸이 정애주
국효숙 김의연 김준표 박혜란 손상범
송민규 오민택 임영주 차길환

2016. 8. 10. 초판 발행   2023. 3. 31. 5쇄 발행

등록번호 제1-499호 1977. 8. 1.
주소 (04084) 서울시 마포구 양화진4길 3   **전화** 02) 333-5161   **팩스** 02) 333-5165
홈페이지 hongsungsa.com   **이메일** hsbooks@hongsungsa.com
페이스북 facebook.com/hongsungsa
양화진책방 02) 333-5161

ISBN 978-89-365-0338-3 (03230)